精神科医が教える

心が軽くなる「老後の整理術」

保坂 隆

PHP文庫

○本表紙図柄＝ロゼッタ・ストーン（大英博物館蔵）
○本表紙デザイン＋紋章＝上田晃郷

はじめに――年を取るほど「身軽に」なろう

シルバー世代には、いろいろな悩みがあります。「面倒な人間関係をどうにかしたい」「モノが多すぎて、どうしていいか分からない」「健康と体調を整えたい」「親子のしがらみをスッキリさせたい」――など、さまざまでしょう。

老後のこうした悩みを解決し、少しでも「心が軽くなる」にはどうしたらいいのか？　それについて、いろいろな角度から「整理の方法」を考えてみたのが本書です。

たとえば、人は誰でも、長く生きていれば持ち物が増えてくるものです。特に物のない時代に生まれ、高度経済成長期を過ごしてきた現在のシルバー世代は、「買うのは大好きでも、捨てるのは嫌い」という傾向が強いといわれます。それだけに、長年放っておけば自分の持ち物は増える一方です。

でも、定年や現役からの引退を境《さかい》にして、生活の中心が家になったら、できる限り部屋を整理して、広々と使えるようにしたほうが良いでしょう。物があふれていると、使いたい時に使いたい物が見つからず無用にイライラしたり、本当は持っているのにまた買う羽目《はめ》にもなります。こんな失敗や無駄は、きちんと整理するだけで防げます。

そして、ものを整理すれば自分だけでなく、晩年は家族や友人に手間をかける必要も自然と少なくなります。他人のものの整理は、本人が考える以上に、周囲の人にとって気を遣《つか》う大変な作業です。

自分でどうしても捨てられなかったものは、周囲の人だってきっと捨てづらいでしょう。そんな負担を後回しにして誰かに押し付けるのではなく、年を取るにつれ、少しでも軽くしておきたいですね。

また、自分に「もしも」のことがあった時についても、今から心配はいろいろ多いと思います。医療やお金の問題、親子の関係、人付き合いでの心残りなど、きちんと整理しておきたいことがいっぱい——。

ところが年齢を重ねるほど、自分の体力や気力は落ちてきます。つまり時間が経《た》てば経つほど、たとえ「身辺を整理したい」「気がかりな問題を解決したい」

と思い立っても、現実的にはできなくなってしまう場合が多いのです。

でも、この本を手に取ったあなたは大丈夫！

「整理しよう」という気持ちと行動力が残っているうちに、どんなに小さなことでも構いません。今日から何かを始めましょう。思い立ったが吉日《きちじつ》なのです。

本書では、一般的な「身の回りの整理」だけでなく、「少し先の将来」「お金のやりくり」「食生活や健康」「人間関係」など、老後のさまざまな心配ごとの整理についても、できるだけ触れています。

これらを読み進めていくうちに、日常の「イライラ」や「クヨクヨ」といったストレスが解消され、次第に身も心も軽くなっていくはずです。

老後は、人生の長い「第二ステージ」となっています。快適で有意義《ゆういぎ》な毎日を過ごせるよう、ぜひ本書を参考になさってください。

二〇一四年二月

保坂　隆

精神科医が教える
心が軽くなる「老後の整理術」◎目次

第1章　人生の再点検は「身の回りの整理」から

――老後の「生活の質」を向上させる

第2章

「少し先の心配」も整理してみませんか？

——毎日をスッキリと過ごすために

第3章

明日が楽しみになる「お金のやりくり」

——大切なのは「現役時代」の心の整理

第4章　健康的に「食べる喜び」いつまでも
——「身も心も軽快」な食生活のコツ

第5章

最後は「細く長く」が良いお付き合い

――人間関係も「終着点」がいずれ来る

第6章

老後の「イライラ」を整理する技術
――気持ちの切り替え上手こそ「幸せの達人」

編集協力——幸運社／松島恵利子

第1章

人生の再点検は「身の回りの整理」から

――老後の「生活の質」を向上させる

◆老後は「買う瞬間の快感」より「選ぶ過程の楽しさ」に重点を

「最近、ふと、空《むな》しくなってしまう」

「わけもないのに、悲しい気持ちになる……」

年齢を重ねた人たちが、こんなふうにこぼすことがあります。その原因は、「喪失感《そうしつかん》」なのかもしれません。

体力、食欲、気力など、年を取ると何でもかんでも若い頃と同じというわけにはいかないものです。しかし、それを単純に「自分ができなくなった」とネガティブに考えてしまうと、喪失感に悩むようになるのです。

そして、その悲しさ、空しさ、満ち足りなさを埋めようとして、買い物に走る人も少なくありません。

現在、「シルバーエイジ」と呼ばれる世代の人たちは、戦後の高度経済成長とともに人生を歩んできたため、他の世代よりモノへの執着が強く、購買意欲も旺《おう》盛《せい》です。

また、退職して多少なりとも自由になるお金もあるため、「絶対にこれが必要」というものでなくても、便利《べんり》だったり、見た目が洒落《しゃれ》ていたり、ステイタスを感じるような商品を、勢いで買ってしまう傾向があります。

また、高額の買い物に行けば多くの場合、店員さんが手厚くもてなしてくれます。「自分なんて、社会や家族に必要とされていないのではないか？」「何だか最近、どこにも居場所がない気がする」――そんな喪失感を抱えているところに、お店の人がかけてくれる優しい言葉は、心地《ここち》よく響《ひび》くのでしょう。

もちろん、それが自分に対してではなく、本当は「自分が払うお金」に対して向けられているサービスだと分かっていても、ついその場の気分の良さから財布《さいふ》の紐《ひも》が緩《ゆる》んでしまうのかもしれませんね。それが、心の隙間《すきま》をモノによって埋めようとする人の心理なのです。

確かに、欲しいものを手に入れると気持ちは豊かになります。しかし、それは「自分が本当に欲しいもの」を手に入れた時に限るのではないでしょうか？

買い物をしている最中は楽しくて仕方がないのに、帰宅した途端に商品の袋《ふくろ》をソファーに置きっぱなしにしたり、いつまでも包《つつ》みも開けないようでは、自分の気持ちが豊かになったとはとても言えません。

それどころか「ああ、また無駄遣《づか》いしてしまった……」「やっぱり、つまらないものを買っちゃったな」などと後で自分の軽率さを悔《く》やんで、かえってストレスを溜《た》め込んでしまいます。

つまり「加齢による喪失感」を買い物によって埋めるのは、有効な手立てとは言えないでしょう。

もちろん、買い物の楽しさを否定するつもりはありません。私も買い物は嫌いではありませんし、ストレス発散になるのもよく知っています。ただ、老後のショッピングでは、買うという「瞬間《しゅんかん》の行為」そのものを楽しむのではなく、もっと「選ぶ、吟味《ぎんみ》する」という部分に焦点《しょうてん》を当ててほしいのです。

幸《さいわ》い、シニアには自由時間がたっぷりあります。慌《あわ》てて買い物をしなくても、いろいろな店を見て回ったり、よく考えるために、時間をおいて何度も店に足を運べるでしょう。また、インターネットで情報を仕入れて、評判や使い勝手などを比較検討するという手段もあります。

「どれにしようか?」と選ぶ過程の楽しさは、商品を実際に手に入れる喜びに匹《ひっ》敵《てき》するくらいの買い物の醍醐味《だいごみ》があるはずです。

年齢を重ねたら、できる限り「衝動買い《しょうどうがい》」は控《ひか》えて、本当に欲しいものだけを時間をかけて、じっくりと選びたいものです。よく吟味して「それでも、絶対に欲しい」と思って購入した品は、本当の意味であなたの心を豊かにしてくれるでしょう。

「欲しいと思ったものは、一回目には買わずに帰宅し、数日経《た》ってもまだ欲しいと感じたものだけ買う」という厳密なルールを作るのも悪くありません。

万が一、次に行ってそれが売り切れていたら、「自分には縁《えん》が無かったんだ」と諦《あきら》めるくらいの潔《いさぎよ》さも、「老後の整理術」には必要になってきます。

◆「便利さ」が老いを招く――使わない心身の機能はどんどん弱る

インターネットで「便利グッズ」を検索すると、ものすごい数の品目がヒットします。たとえば、読み終えた新聞を縛《しば》るための道具、冷蔵庫の扉《とびら》の開けっぱなしを知らせてくれるセンサー、自動で汚れを見つけて動き回る掃除機……。ひとつひとつ挙げていったら、キリがありません。

こうした商品は作業の手間を省《はぶ》いたり、時間の短縮が謳《うた》い文句になっており、「こんなのがあったら良いだろうな」「ぜひ欲しい」と思うものばかりです。

元気な若い世代ですらそう思うのですから、だんだん身体が衰《おとろ》えて身の回りのことが億劫《おっくう》になってくるシニア世代としては、つい購入を考えてしまう気持ちは分からないでもありません。

しかし老後は、できるだけ「便利な商品」を使わないように心がけてほしいのです。なぜかと言えば、理由はいくつかあります。

まず、便利グッズは多くの場合、特定の機能だけに優れているので、多様性に欠けます。たとえば、前出の新聞を縛る道具も、それ以外に用途《ようと》が見つけにくいものですし、手に臭《にお》いがつかないための「にんにくの皮むき器」のような道具は、他に使いようがありません。

その作業を専門に、大量にする人なら話は別ですが、一般の人が少しの作業をするために、わざわざ専用の道具を揃《そろ》えて使うのは、とても便利とは言えないでしょう。

たくさんの便利グッズの中から「あれ、どこにしまったかな？」と探し回っているうちに、別の方法で作業ができるはずです。老後の限られた収入の中から、安くはないお金を出して、わざわざ買う必要はないものがほとんどと思います。また、便利グッズの大きな特徴である「時間短縮」というのは、シニア世代にとってそれほど魅力的でしょうか？

時間や余暇《よか》はたっぷりあるのですから、ひとつひとつの作業をじっくり丁寧《ていねい》にやったほうが、有意義だと私は考えます。

そしてもうひとつ肝心なのが、老後の元気なうちは、あえて「便利」を遠ざけたほうが、脳が活性化《かっせい》され、身体が衰えずにすむという点です。

自動で動く掃除機は、電源を確保さえすれば人間は頭を使いません。しかし、普通の掃除機や別な道具を使って掃除しようとすれば、どこをキレイにするか自分なりに工夫もしますし、効率の良い作業手順を考えるため、脳が活性化されます。また、体をかなり動かすので運動にもなります。

年齢を重ねていけば、スピードの違いこそあれ、どうしても知力も体力も下《くだ》り坂になるものです。また若い頃と違って、ふだん使わない心身の機能はどんどん弱っていきます。だからこそ、単純な「便利さ」を選ばずに、頭と体を日常的に使う生活を心がけなくてはいけないのです。

◆「ワーキングメモリ」――物忘れ防止にあえて面倒なほうを選ぶ

先ほど、「あえて便利さを選ばない生活」について提案しましたが、ここではもう少し「便利さ」と「脳」の関係を掘り下げてお話ししたいと思います。

あなたは、次のような経験はありませんか？

「料理の最中に、ご近所さんが回覧板《ばん》を届けに来た。すっかり話し込んで鍋《なべ》を焦《こ》がしてしまった」

「醤油《しょうゆ》を買いにスーパーに出かけたら、たまたま大売り出しをやっていた。そこで、あれこれ買い込んで帰宅したところ、肝心の醤油を買い忘れていた」

こうした物忘れは、加齢《かれい》とともに増えてきます。それも、六十代、七十代といったシルバー世代ではなく、すでに四十代から始まっているという研究データもあるのです。

人間の脳では、長いあいだ覚えておくべきことは「海馬《かいば》」という部分に記憶されますが、日常生活での「鍋の火を消す」「醤油を買いに行く」など、一時的に覚えておけばいい情報は「前頭前野《ぜんとうぜんや》」（おでこの前あたりにある部分）が関係しています。

目的を果たすまで覚えておくべき、短期の記憶の働きを「ワーキングメモリ」と呼び、これは「作業台」にたとえられます。

その作業台には、だいたい三つくらいの記憶を載《の》せておけると考えられており、たとえば、掃除をしながら「これが終わったら洗濯物を干《ほ》して、回覧板を回して、歯医者に予約の電話を入れよう」と考えたとします。

ワーキングメモリ（作業台）の上に、記憶がしっかりと載っていれば、掃除が終わってからも次々と用事をこなせるでしょう。

しかし、加齢とともにこの作業台が小さくなってしまうと、記憶がこぼれ落ちて、洗濯物を干したら他の用事は忘れてしまった……となるのです。

まだ現役で働いている世代でも、うっかり次にやる仕事を忘れて、別のことをして時間が過ぎてしまったという経験が、若い頃より増えていると思います。

ただし、このワーキングメモリは、年を取ってからも鍛《きた》えることができます。それも日常生活の中で「便利さ」「楽《らく》さ」の安易なほうに走らず、あえて面倒だったり不慣れなほうを選ぶだけで、脳のエクササイズになるのです。

たとえば、野菜の皮むきにピーラーを使えば、手を切りにくく、均一に皮がむけるので、子どもでも楽に使いこなせます。大人であれば、多少手元を見なくても作業ができるでしょう。

しかし包丁《ほうちょう》を使うとなると、そうはいきません。均一にむくために力の入れ方を加減したり、手を切らないように注意を払わなくてはいけません。

そのため、両者を比べた場合、脳が活性化されるのは包丁といえます。だから、あえて「便利なピーラー」ではなく包丁を使うだけでも、ワーキングメモリが鍛えられ、長期的な物忘れ防止につながるわけです。

逆に、いつも包丁を使い慣れている人が、滅多《めった》に使わないピーラーを使うと、日常とは違う作業をすることで、ワーキングメモリが鍛えられるというデータもあります。

また、料理をする際も、炒《いた》めた材料に混《ま》ぜるだけの調味料パックを使うより、少しずつ味見して自分で調味料を調合するほうが、やはり刺激となり脳のトレーニングにもなります。お客様があって手早く作業しなくてはいけない時は別としても、毎日の料理では、できるだけ手作りをおすすめします。

老後で時間にゆとりができたからこそ、日頃から「手間を惜しまない姿勢」が何より大切です。

物忘れを「年のせいだから……」と簡単に諦めて、より楽な方向へと流されるのではなく、小さなことでもせっせと頭と身体を動かすように、日常の暮らしを工夫してみてはいかがでしょうか。

家の中に爪切りがゴロゴロ――でも探すのに何分もかかる矛盾

ばんそうこう。プラスのドライバー。爪《つめ》切り。

どこの家にもあるものですが、「三つともすぐ持って来て」と突然言われた時、あなたなら何分で集められるでしょうか？

この実験は、家によって大きな差が出ます。日頃から、どこに何を置くかをきちんと決めている家では、三分以内でさっと集められるでしょう。これは理想的なタイムです。しかし十分以上かけても、集められない家もあるのです。

そして不思議なことに、すぐに見つかる家には、これらは一つか二つずつしかありませんが、なかなか見つからない家に限って保有数が多いようです。ハサミや耳かきといった小物が特にそうですね。

ある家庭の場合、爪切りは、キッチンの引き出し、脱衣場の棚《たな》、鏡台《きょうだい》、物置《ものおき》、救急箱、書斎《しょさい》の机《つくえ》、洋服ダンスの中の、なんと計七ヵ所に置かれていました。さらに、救急箱の中には二つ入っていたので、合計八個もあったのです。

八個も爪切りがあるくらいですから、どれだけ大人数で暮らしているのかと思えば、これまたなんと年配の男性の一人暮らし。もちろん、爪切りをコレクションする趣味はありません。

なぜ、こんなに爪切りがたくさんあるのかと尋《たず》ねると、「使おうと思った時には見つからなくて、ついその都度《つど》買い足してしまった」と言うのです。

単純に考えれば、爪切りの数が多ければ多いほど、すぐに見つかるはずです。

しかし、この男性の家には、爪切りもたくさんありますが、それ以上に他の物も同様にたくさんあったために、見つけられなかったのです。さらに、置き場所をきちんと決めていないのも、悪循環の一因でしょう。

今の時代、爪切りは「百円均一」の店でも買えますから、金額にすれば大したことはないかもしれません。都会ならコンビニだって近くにあるでしょう。

しかし、すぐに見つからないからといって買えば買うほど、当然のことながら物は増えます。あふれかえった物で部屋は雑然となり、必要な物に限って他の物に紛《まぎ》れて見つからず、これで何回目だと、とても心穏《おだ》やかに過ごす場所ではなくなります。

この「負《ふ》の連鎖」は、どこかで断ち切らなくてはいけません。

それには「家のどこかに必ずあるんだけど、今は見つからない」というものはもう買わないことです。面倒かもしれませんが、時間をかけてでも探し出し、まずは今度こそ「置き場所」を定めましょう。そして、どう考えても余分なものはこの際、処分してしまいましょう。

そうした地道な積み重ねこそが、心も住まいの環境もスッキリとした老後の生活を送る上での、大切なポイントではないでしょうか。

◆安全と健康に直結──高齢者の「ゴミ屋敷」は他人事ではない

以前、仕事で付き合いのある男性が「同居《どうきょ》の母親が物を捨てなくて困るんです」と、私にこぼしたことがありました。

物のない厳しい時代を経験されているので、簡単に物が捨てられない気持ちは分かるのですが、そのお母様の場合は、ちょっと度《ど》を越していました。十畳《じょう》の和室を一人で使っているのに、足の踏《ふ》み場もないほど、物であふれかえっているというのです。

男性は、ほとほと困り果《は》てた顔で、

「あれはゴミ屋敷《やしき》ですよ。もう動かない置時《おき》計や、死んだ親父が使っていた何十年も前の大きなワープロ、土産《みやげ》にもらった置物やこけし、壺《つぼ》や陶器《とうき》が入っている木箱が二〇以上もあって、そのうえ、ビニールがかかったままの贈答品《ぞうとうひん》の寝具《しんぐ》が積《し》み上げられているんです。おまけに、どれもこれも埃《ほこり》だらけ。その隙間《すきま》に布団を敷《し》いて寝ているんですが、『捨てろ』って言っても聞かないし、あの部屋で何かに火でもついたら大変なことになりますよ」

と嘆《なげ》くのです。

確かに、火災や地震のことを考えたら背筋《せすじ》が寒くなりますし、掃除もできないようでは衛生的な問題も見過ごせません。長年親しんだ物への愛着《あいちゃく》は分かりますが、やはり安全と健康は最優先されなくてはいけないでしょう。

結局、この家では、お母様の入院を機《き》に、思い切って物の整理をしたそうですが、こうした高齢者の「物を捨てない」という心理は、決して他人事ではないのです。

試しに、あなたが一番長く時間を過ごす部屋を見渡してみてください。ずっと手を触れられないまま、置かれている物はないでしょうか?

たとえば、まだ動くからと思って放《ほう》ってある古い家電や、作りかけの手芸品、いつまでも読みかけの本、中身を確認して蓋《ふた》をしてしまった贈答品などです。

もし一年以上、一度も手を触れず、必要とされなかった物は、将来的にも使うことはないのだと考えを改めましょう。

「『今度』と『お化け』は出たためしがない」と言われるように、「いつか使おう」という日は、やって来ないと思ったほうが良いのです。

思い切って処分してしまうと、住まいも気分もスッキリするでしょう。特に、「床《ゆか》に積み重ねられた物」は一日も早く整理を考えなくてはいけません。

五十代ともなると、誰でも足の上がりが悪くなり、ちょっとした段差や物にもつまずきやすくなります。以前なら何でもない敷居《しきい》や電気コードにつまずいた、足を引っかけた経験は、きっとあるはずです。高齢者の転倒は、外出先ではなくむしろ住み慣れた自宅のほうが起こりやすいというデータもありますので、床はできる限りスッキリさせておかなくてはいけません。

長年にわたり部屋を占拠《せんきょ》する不用品は、狭い居住空間をさらに狭くし、ケガの元になるものです。年齢を重ねるほど物への執着心が強くなり、環境が変化することに抵抗を感じるようにもなりますが、安全や健康のためにも、物は減らしていくように心がけましょう。

長年積もったタンスの肥やし――「本当に着る」のは何着か？

近頃は、安くて流行を取り入れた衣類がたくさん販売されています。そのため若い世代では、身につける物の多くも一シーズン限りの「使い捨て感覚」になっているのかもしれません。

一方のシルバー世代は、多少値段が高くても長く着られる、流行に左右されにくいものを求める傾向があるので、大切に使い続ける人のほうが多いのではないでしょうか。

良いものを長く大切に着続ける――。これは素晴らしいことです。しかし、ただ保管しておくのと、実際に着続けるのとでは意味がまったく違います。

年配の方のタンスやクローゼットには、クリーニングから戻ってきた衣類がたくさん掛かっていますが、服につけられたクリーニング札《ふだ》の日付が、三年前、五年前ということも珍しくありません。

こうなると、もはや保管ではなく「死蔵《しぞう》」と言ったほうがふさわしいでしょう。いわゆる、タンスの肥《こ》やしですね。

また、増え続けた衣類がタンスに収まりきらず、鴨居《かもい》にずらっとぶら下げられたり、ソファーにうず高く積《つ》み重ねられているような場合もあります。しかし、そういう人に限って、数枚の同じ服を繰り返し着ているものです。

「良い物だから捨てるには忍《しの》びない……」

その言い分はもっともです。しかし、衣類は着るからこそ意味があるのです。ビニールに覆《おお》われたまま、ただハンガーにぶら下げておくだけでは「飾り物」にすらなりません。

「いつか着るかもしれないから」という気持ちもよく分かります。でも、これまで何年も着ていなかった服を、今さらどこに着て行くというのでしょうか？　形は崩《くず》れていなくても、流行遅れだったり、自分の体形のほうが変わったり、今持っている服に合わせてもしっくりこなかったり……。

「年相応の格好《かっこう》」という言葉もありますし、そんな服を着て行く自分を果たしてイメージできるでしょうか？

もし、着て行く場所やシーンが具体的に思い浮かばないのなら、その服が登場するチャンスは二度と訪れません。思い切って処分しましょう。

また、湿気《しっけ》の多いところではカビやダニが繁殖《はんしょく》しやすく、何年も着ていなかった服がそうした温床《おんしょう》になっていることさえあります。

「一年間、あるいは二年間一度も袖《そで》を通さなかったものは処分する」とか「新しい服を一着《ちゃく》買ったら、代わりに古い服を一着捨てる」など、自分なりのルールを決めて、今の自分にピッタリな衣類だけを残すようにしましょう。

そうすれば、着もしない服でパンパンだったタンスやクローゼットもスッキリして、服が選びやすくなります。

次第にタンスの中身も新陳代謝《しんちんたいしゃ》が起きるようになり、いつも同じ服ばかり着ていた人も、お洒落に磨《みが》きがかかるかもしれません。

◆探すのは「重荷？」「楽しい？」――タンスの中身の量で変わる

冷蔵庫の中にギュウギュウに物を詰め込むと、「冷やす効果」が下がって食品が傷《いた》みやすくなるといいます。

できることなら、庫内の五〇～六〇％程度に抑《おさ》えておくと、冷気が十分に回るだけでなく、どこに何があるかも一目瞭然《りょうぜん》で、「奥のほうに入れておいて食べるのを忘れていた」といったことにならないそうです。

それでは、タンスの中には、どれくらいの衣類を入れるのが適当なのでしょうか？

経済用語には「適正在庫率」という言葉があります。これは、過剰在庫によるさまざまなロス（損失）を発生させず、かつ「必要な時に、必要な分を使える」という意味の語だそうです。

タンスの場合、適正在庫率はだいたい七〇％程度とされています。これは、片手で衣類をタンスの一方に集めた時に、三割ほどの空間ができる量です。このくらいの量を保っておくと、さまざまな利点があります。

まず「どれを着ようかな？」と、全体を見渡すことができます。

前項でも述べたように、タンスの中身がパンパンに入っていると、結局はよく見える場所に置かれた、いつも着ている服を選ぶようになります。せっかく、たくさんの服を持っているのに「着たきりすずめ」では矛盾していますし、何よりもったいないですよね。

そして、タンスの風通《かぜとお》しが良くなり、衣類が傷みにくくなります。防虫《ぼうちゅう》剤を入れておいたのに、服が虫に食われたという経験がありませんか？ もしかすると、衣類が多すぎて風通しが悪くなり、薬の成分がタンス全体に行き渡らず虫食いが起きた可能性もあります。

さらに、「お出かけが楽しくなる」というメリットがあります。せっかく出かけようと思っても、何を着るのかが決まらないと、それだけで気持ちが萎《な》えてしまいます。タンスの中身がギュウギュウでは探す気にもなりませんし、かといって結局いつもと同じ服では代わり映《ば》えがしません。

しかしスッキリ片付いたタンスでは、すべての服が見渡せるため、「今日の気分に合った一着」、あるいは「いつもと違う変化球の一着」を選んで、さっと取り出せます。それだけ支度《したく》の時間も短縮できますし、何より気分良く出かけられるのです。

年齢を重ねると、お洒落に無頓着《むとんちゃく》になったり、出かけるのが億劫になりがちです。しかし、外出は適度な運動にもなりますし、散歩や日常の買い物といった程度のことでも、外部からの刺激によって脳が活発に働きます。

最低でも一日一回は外に出る気持ちになれるよう、タンスの中身は七割と決めておきましょう。

◆靴にも「寿命」がある――たとえ履かなくても進む「経年劣化」

寿命《じゅみょう》があるのは、生き物だけではありません。当たり前ですが、物にも寿命があるのです。ただ、その寿命が「見えにくい」という特徴はあります。

たとえば、野菜をそのまま放っておけば、しなびたり黒ずんだり腐敗《ふはい》してくるでしょう。それは目に見えて分かるので、「傷《いた》む前に食べなくちゃ」「もう、ダメだから捨てよう……」となります。

しかし衣料品はそのまま置いておけば、見た目の変化はほとんどありません。何年もタンスに入れっぱなしのコートが「気がついたらボロボロになっていた」なんてことは、あまりないでしょう。虫食いや変色ぐらいは起こるかもしれませんが……。

そして実は、洋服類《るい》よりも寿命が短いのが靴《くつ》です。靴箱に入れて保管していたとしても着実に傷んでいます。けれども、見た目はそのままなので、つい処分の対象から外れてしまうのですね。

六十代の男性のYさんは、友人の退職記念の祝賀会《しゅくが》に呼ばれました。友人はとてもお洒落な人で、その会場はレストランやホテルではなく、東京湾をクルーズしながらの船上パーティーだというのです。

さらに招待状には、「やっと会社から解放される祝いなので、堅苦しいスーツにネクタイといった無粋《ぶすい》なスタイルはお断りします。熟年《じゅくねん》男性のダンディズムが感じられる服装でお越しください」と書かれていました。

そこでYさんは、十年ぶりにエナメルの靴を出しました。以前、何かのパーティーに参加するのに買ったものです。

一度しか履《は》いておらず、汚れもキレイに落として、大切に靴箱の中にしまっておいたので、まるで新品同然――。洋服と違ってサイズも変わらないので、すぐに履ける状態です。「とっておいて良かった」とYさんはつくづく思いました。

ところが、パーティーの当日に、Yさんを悲劇が襲《おそ》います。というのは、家を出て少し歩くうちに、何となく足に違和感があるのです。歩くたびにぬかるみを踏んでいるような、そんな感じです。

不思議に思って立ち止まると、靴底《ぞこ》のあたりが溶け、足跡のようなものが道に点々と残っているではありませんか。しかし、もう引き返す余裕もないので、できるだけソーッと歩いてみましたが、駅に着く頃には、靴の本体と靴底が完全に分離してしまったのです。

エナメル素材は湿気に弱く、風通しの良くない靴箱にずっと保管していたのが影響したようです。これは、ポリウレタン素材の靴底などでも同様です。このように、見た目では分からなくても、実際に履いてみると思いのほか経年劣化が進んでいたのに気づくのが靴です。

あなたの家の靴箱には、「まだ履けるから」「万が一の予備のために」と、何年も履いていない靴が眠ってはいないでしょうか？

もしそういう靴があったら、ちょっと履いて、ご近所を歩いてみましょう。きっと整理の良いきっかけになるはずです。

化粧品の変質にご注意――「身体の免疫力」が落ちたからこそ

「コスメティックセラピー」という言葉をご存知ですか？　これは、化粧をすることでもたらされる心理・生理的な効果を期待して行なわれるものです。

化粧をすると適度な緊張感が生まれ、「キレイに見られたい」という自意識が高まります。

また、キレイになった自分を鏡で見ることによって、失っていた自信が回復したり、「もっとキレイになりたい」という意欲が湧《わ》き、対人関係にも積極性が出てきます。さらに、日常生活全体にも張《は》りが生まれて元気になるのです。

だからこそ、若い頃は「誰かのため」だったかもしれませんが、年齢を重ねた女性には「自分のため」に、化粧を楽しんでほしいと思います。

とはいえ、化粧品の劣化には十分に気をつけなくてはいけません。

男性には分かりにくいかもしれませんが、化粧品には流行があります。口紅《くちべに》、アイシャドーの色は季節によっても変わりますし、その年のトレンドというものもあるようです。

女性の多くは、次々に新しい物を試したくなるので、鏡台の引き出しや化粧箱の中には、想像以上に数多くのメイク用品が入っているのではないでしょうか？

化粧品は本来、すべて使い切ってから次の物を買うべきなのですが、大抵の人は、使っている途中で他の物が欲しくなります。使いかけの物も「また後で使うかもしれないし」と捨てずにおくので、どんどん古い物が増えていくのです。

しかし化粧品は薬品の一種ですから、開封して空気に触れることで酸化が進むなど、当然のように変質します。「良い品質」としての消費期限もあるのですが、食べ物のように気をつける人ばかりではありません。

ある年配の女性は、和服を着る時に「久しぶりに、色がはっきりした紅《べに》をさそう」と思い、数年前に買った口紅をつけて出かけました。ところが、しばらくすると唇《くちびる》にかゆみが出て、こすっているうちに熱まで持ってきました。洗面所で鏡を見ると、唇がまるでタラコのように腫《は》れあがっていたのです。

幸い、すぐに口紅を落とし、水を染み込ませたハンカチで冷やし続けると炎《えん》症は治《おさ》まったのですが、このように、使いかけで長年しまいこんでいた化粧品を使っての肌トラブルは、決して珍しいケースではありません。

特に、年齢とともに身体の免疫《めんえき》力は落ちていきますので、敏感な肌に直接つける化粧品については、十分に気をつけたいものです。

できることなら、半年に一度は、鏡台の引き出しの中身をすべて出し、あまり古い物はないかをチェックしましょう。その上で、いくつになっても「健康的な美しさ」を目指せると良いですね。

◆老後の片付け――「整理整頓された物が膨大」では意味がない

八十二歳で天命を全《まっと》うしたA子さんの場合は、「百円均一」の店でファイルやプラスチックケースといった収納用品を買うのが大好きでした。そして「身の回りの物を細々《こまごま》と分類し、ラベルをつけて整頓《せいとん》をしていれば一日があっという間に終わってしまう」と、よく話していました。

そんなA子さんですから、亡くなったのは突然でしたが、住まいの片付けはそんなに手間取らないだろうと周りは思っていたのです。

しかし、一人暮らしのA子さんの部屋の整理を始めた娘さんたちは、すぐに悲鳴をあげました。なぜなら、「整理整頓された物」が膨大《ぼうだい》にあったからです。

一枚一枚、丁寧にクリアファイルに入れられた病院の領収書、薬の説明書き、血液検査の結果表などは、なんと十年分もありました。

また、旅行が好きだったA子さんは、観光地でもらったパンフレット、博物館などのチケットの半券《はんけん》、旅館や食堂の箸袋《はしぶくろ》、コースターなども記念に、きちんと整理し保管してありました。

両方をまとめると、段ボールで二〇箱以上もあったそうです。それだけで家の押し入れの半分が占拠されていた、というのですから驚きでしょう。

A子さんは晩年《ばんねん》、「うちは押し入れが小さくて困る。敷布団をもう一組買いたいけれど、入《はい》る場所がない」と話していました。しかし、押し入れが狭かったのではなくて「整理整頓された物」が多すぎたのだと、娘さんたちは改めて分かったそうです。

大量に残されていたファイルや箱は、ひとつひとつにラベルが貼られていて、中身が何なのかは一目瞭然――。

仕事が丁寧なA子さんの人柄《ひとがら》がよく表れているため、娘さんは捨てるのが忍びないと思いました。けれども、十年も前の病院の領収書がこの後、何かに役立つわけではないため、結局は「お母さん、ごめんなさい……」と言いながら、全部処分したそうです。

整理整頓は大切です。しかし、そのために多くの時間や労力を費やしたり、保管場所も大きな負担になるのでは考えものです。それなら整理する前に、最初から捨ててしまう選択肢も必要でしょう。

老後の暮らしに入ったら、少しずつ物を減らしていく姿勢が大切です。遺品《いひん》を処分する時に、残された人が心の痛みを余計に感じないようにする配慮が、年を重ねた者には必要なのではないでしょうか。

時間があるからこそ「郵便物をすぐに読むクセ」をつける

旅行などで数日ほど家を空《あ》けただけでも、自宅のポストには数多くの郵便物が届きますが、その半数以上はチラシやダイレクトメールでしょう。

お店のポイントカードや会員券を作るたびに住所を記《しる》すため、こうした郵便物は増える一方です。その店に行かなくなっても、顧客データは残っているので、ダイレクトメールが途切れることはありません。また集合住宅では、投げ込みのチラシが大量に投函《とうかん》される場合も多いと思います。

だからこそ、次々と処分しなければ、すぐにポストの中に「ゴミの山」ができてしまいます。時には、電話帳のような分厚いカタログが届くような場合もあるので始末するのも大変です。

放っておくと、こうした不必要な郵便物にまぎれて、大切な役所の通知などを見落としたり、気づかずゴミ箱に一緒に捨ててしまったりしかねません。こんな失敗をしないよう、郵便物はすぐに読むクセをつけましょう。

やり方は簡単――。郵便物が届いたらテーブルの上にまず広げて、大切な手紙がないかを確認します。必要な郵便物があったらとりあえずよけておき、残りの封書をすべて開封して必ず中身を見ます。これを毎日するのが大切なのです。

保険会社やカード会社からもたびたび郵便物が届きますが、その中には証書《しょうしょ》が入っている場合もあるでしょう。また、引き落とし明細書のようなものは、そのまま捨てるのは不安です。必ず、破る、シュレッダーにかけるなどすることをおすすめします。広告、チラシの類《たぐい》もその場で見て、不要なら即ゴミ箱へ。

こうした作業を「習慣」にしていれば、ポストの中がゴミの山になることも、大切な郵便物を失くす心配もなくなるでしょう。

特に役所からの通知には、高齢者にとって有益な情報がある場合も多いので、見過ごして損をしてはいけません。

老後の生活は時間があるので、何かにつけ「後でゆっくりやればいいや……」と怠《なま》けてしまい、急に慌てる羽目《はめ》にもなりがちです。しかし時間があるからこそ「すぐにやる」を習慣づければ、気分的にもスッキリした毎日を過ごせるようになるでしょう。

物が「ゴチャゴチャ」「ヌルヌル」――こんな風呂場は危険

日本人は老いも若きもお風呂が大好き。湯船《ゆぶね》にゆったりと体を浸《ひた》せば、自然に「ふぅ……」と声が出てしまうでしょう。

入浴は一日の疲れと汚れを落として、さっぱりする時間です。つまり風呂場はその日一日を「リセット」する大切な場所。だからこそ、ゴチャゴチャ物が置かれてあまり清潔でないような雰囲気《ふんいき》だと、せっかくお風呂に入っても疲れが癒《い》えません。

あなたの自宅のお風呂場を思い浮かべてください——。シャンプーやリンスが何種類も置かれていませんか? 使いかけの洗顔フォームや中途半端な大きさになった石鹼《せっけん》がいくつも放置されていませんか? 昨日使った垢《あか》すり用のスポンジが濡《ぬ》れたままになっていませんか?

風呂場は暖かく湿度《しつど》が高いため、どんなに気をつけてもカビや雑菌《ざっきん》が発生しやすい場所です。シャンプーのボトルを手にして見ると、黒くなっているところはないですか? また、洗面器や椅子《いす》の裏がヌルヌルしてはいないでしょうか?

これらのカビや雑菌は、ふだん風呂から出る時に、さっとタオルで水気《みずけ》を取るだけでも防ぐことができます。

しかし、たくさんの物や容器をひとつひとつ拭《ふ》いていたのでは、湯冷《ゆざ》めしてしまいます。だからこそ、風呂場には「最低限の物」だけを置くように習慣づけることが大切なのです。

そして、最近ではシャンプーやボディーソープなどは、ポンプスタイルで詰め替え用のものが主流になっていますが、一人暮らしの場合など、大きな容器のものはなかなか使い切れないことが多いと思います。

使っている途中で、新しい別の種類に替えたくなったら、残りは放っておくのも不潔ですし、そのうち捨てるしかありません。これでは、割安なポンプタイプを買う意味がなくなってしまいますね。

気分を変えていろいろな商品を試したい、一回に使う量が少ない人は、無理にお得な詰め替え用のポンプタイプにこだわらず、小さな容器のものを選ぶのも、ひとつの考え方でしょう。

またお風呂場は、外気温とお湯の温度差がもとで、血圧の変動が大きくなる場所です。そのため心筋梗塞《こうそく》や脳梗塞などを引き起こしやすく、意識障害や転倒事故も多くなる危険なところでもあります。

さらに、浴室の床は滑《すべ》りやすく、足腰の弱った年配の方は踏ん張りがきかず、ちょっとしたつまずきが大事故の原因になることも珍しくありません。特に浴槽《よくそう》に入る時には、不安定な片足立ちになる「またぎ」動作も必要になります。

こうした理由からも、高齢者が入るお風呂場にはできるだけ余計な物を置かず、可能なら定年退職などの機会にリフォームで、早いうちに手すりの準備をしておくと安心です。

◆「誰かにあげる？」——自分がいらない物は、他人もいらない

家の中を見回すと、どこの家にも「将来使う予定がない物」「捨ててしまっても特に困らない物」があるはずです。そういった物を処分すれば、確実に暮らしはスッキリするでしょう。

しかし、なかなか捨てられないのは「本当は値打ちのある物だから」「買った時、高額だったのに」という未練《みれん》が、心のどこかにあるからかもしれません。要するに、もったいない——。ただ、捨てるには忍びないわけですね。

大枚《たいまい》をはたいて買った物を、簡単に手放せない気持ちは分かります。しかし、たとえ当時どんなに高かった物でも、今の自分にそれほどの価値が感じられないのであれば、それはもはや「良い物」とは言えないのでは？

ヴィンテージの名品や限定生産の物なら、寝かせておくことで価値が上がるかもしれませんが、ごくごく限られた場合でしょう。

どうしても「時代の流行」というものがありますから、ほとんどの物は買った

時が一番価値が高くて、時間が経てば経つほど下がり、いずれ「ゴミ」に変わるだけです。

ある七十代の男性はコレクションが趣味で、「過去に価値があったけれど、今は必要ない物」に囲まれて暮らしています。その数があまりに多くて居住スペースを圧迫しているため、家族が見かねて処分するように進言しました。

すると男性は「これは品が良いから、誰かにあげるつもりで置いてあるんだ」と反論し、断じて応じなかったそうです。

この男性のように、自分では捨てられない物を「これは質が良いから」「非常に珍しいから」「高額な品だから」と言って、誰かにあげようとする人がいます。

ひょっとしたら、相手の人は「こんな高価な物を、ありがとうございます」と、気持ち良くもらってくれるかもしれません。

しかし宝石やブランドバッグなどのように、広く価値が認められている物でもない限り、「結局は自分がいらないからくれるんでしょ？」「人に押しつけておいて、高いだの物が良いだの、恩着《おんき》せがましい」と思われるのが関《せき》の山《やま》です。

リサイクルの時代とはいえ、新品にこだわる人も根強いですし、およそ九割の人が「使い古しの物は欲しくない」と感じているデータもあるそうです。

要するに「自分がいらない物は、他人もいらない」のです。それを念頭に置き、不用品は思い切って処分するべきです。

それでも、ただ捨ててしまうのが忍びないなら、いるかいらないかを最初に確認した上で「すぐ捨ててもらっても構わないから」と、ひと言添《そ》えて差し上げましょう。

ゆめゆめ「良い物をあげた」などと、自己満足で思わないことです。

忘れられた「いただき物」「引き出物」の末路

その一方で、日本には「引き出物」という文化が根づいています。

古くは、馬を庭に引き出して相手に贈ったことから、この名がついたとされていますが、現在では、招待客への土産物や贈り物全般を、引き出物と呼ぶようになっています。

特に、冠婚葬祭では必ずと言っていいほど、引き出物がついてきます。最近は欲しい物を自分で選べるカタログギフトが贈られることも増えていますが、寝具や陶器などは定番で根強い人気があるようです。

　こうした引き出物でいただいた品々を、あなたはどうしているでしょうか？　もしかして箱を開けて一度中身を確認したら、また蓋を閉めて押し入れや納戸《なんど》の奥深くに収めてはいないでしょうか？

　少し前に、同じ職場のスタッフの母親が亡くなられたのですが、遺品の整理をした時の様子を、こんなふうに語っていました。

「納戸を開けたら、いろいろ箱が出てきたんです。何が入ってるかと思ったら、これが全部昔の引き出物で、真新《まあたら》しいお鍋や食器がいっぱい。肌掛《はだか》けなんて四枚もあったんですよ」

　亡くなったお母様はとても寒がりで、「冬の夜が辛《つら》い」とこぼしていたそうですが、納戸にしまいこまれた多くの荷物の中からは、なんと品の良い電気毛布《もうふ》まで出てきたそうです。

「これを、ちゃんと使っていれば寒くなかっただろうになぁ、と思うと、なんか切《せつ》なくなっちゃって……」

そう話すスタッフの目には、涙が浮かんでいました。

シルバー世代の人たちは、厳しい時代を生き抜いてきただけに「もったいない」の精神がしっかりと植えつけられています。

今使っている物が使えるうちは、このままでいいと我慢しているうちに、いつの間にかそうした品があること自体を、忘れてしまったのかもしれません。

もちろん、物を粗末《そまつ》にしない心はとても大切ですが、せっかくの有意義な物をしまいこんでいるだけで活用しないのは、それこそ「もったいない」でしょう。宝の持ち腐《ぐさ》れです。

「いつか、子どもや孫が使うかもしれないから……」と大事に保管しておく人も多いようですが、子どもや孫にもそれぞれ好みや都合があります。プレゼントしても、やはり使われない可能性だってあるのです。

また引き出物には、それを選んだ贈り主の感謝の気持ちや、できるだけ「使っていただきたい」「暮らしに役立つものを」という思いが込められています。

活用してあげるのが、物を大切にする心にも通じるのではないでしょうか。

「夫も子どももいない」――思い出の写真はどう処分すればいい？

ある新聞の投稿欄《らん》に、「思い出の写真をどうすればいいか？」という相談が載っていました。相談者は年配の女性で一人暮らしでした。すでに伴侶《はんりょ》は他界していて、子どももいません。

彼女はそれまで、亡くなったご主人とあちこち旅をし、たくさんの写真を撮りました。一枚一枚が大切な思い出です。

ところが、知り合いが他界したり、新聞のおくやみ欄に同世代の著名人の名前が出るのを見るたびに、「私が死んだら、この写真はどうなるんだろう？」と考えるようになったといいます。

なぜなら、大事にとっておいたとしても、自分以外に見てくれる人がいないからです。結局、最後には捨てられてしまうのでしょう。

かといって、ご主人との幸せな記憶を、自らの手でゴミとして処分する勇気もありません。葬儀の際、写真を棺《ひつぎ》に入れてもらうのは可能でしょうが、さすがに全部というわけにもいかず、枚数にも限りがあるので、どうしていいか分からなくなってしまったのです。

これに対して、回答者である作家・眉村卓《まゆむらたく》氏は、シュレッダーや写真の溶解《ようかい》処理など具体的な処分方法を話した上で、気持ちの問題に触れています。

たとえ、子や孫がいたとしても、よほどの有名人であっても、本人が望む言い伝えが残るとも限らない。人間とはそういうものだから、割り切るしかないと思う。と述べ、次のような印象的な言葉で締めくくっています。

「思い出とは、きっと、本人の胸の中で輝《かがや》き、本人の終わりと共に消えてゆくものなのです。あなたの思い出である写真を生前に処分するか、なりゆきに任せるかは、ご自身の決断です」

この記事を読んで、私も確かにそうだと、深く感じ入りました。

そして同時に、大切な思い出はしっかりと自分の心の中に刻《きざ》まれるので、多くの写真が残っていなくても、本当に大切な数枚が手元にあるなら、きっとそれを手がかりにたくさんの記憶が蘇《よみがえ》るはずだと思いました。

けれど、日々の暮らしの中で、古い写真をながめている時間がかけがえのないものなら、無理をして処分する必要はないでしょう。「自分が亡くなった後、この写真はどうなるんだろう?」とまで気に病まないことが何より大切なのかもしれません。

◆大切な家族の写真──先々を考え、「厳選のアルバム」を一冊作る

誰でも手軽に写真が撮《と》れる時代になりました。たとえカメラを持ち歩かなくても、今では携帯電話やスマートフォンでも驚くほど鮮《あざ》やかな写真が撮れます。ニュースを見ていると、事件やハプニングの決定的瞬間を撮影しているのは、プロのカメラマンではなく、たまたまそこを通りがかった一般人というケースが多く、これはもう「一億総カメラマン時代」とさえ言えるでしょう。

その一方で、手元に膨大な写真を抱えてしまい、アルバムなどの整理に悩む高齢者も増えているのです。

Sさん夫婦はともに七十代前半。ご夫妻には四人の子どもがおり、孫は全部で一一人もいます。子どもたちはみんな離れた場所に住んでいるため、折《おり》に触れて

孫の写真を送ってきてくれます。

若夫婦の元気そうな様子や孫の成長を見るのは、Sさん夫婦にとって生きがいなのですが、何しろ「親孝行」な四人の子どもがどんどん送ってくれるので、たった数年でアルバムの山ができてしまいました。

そんな時、奥さんが骨折で入院。ご主人は奥さんから「ベッドの中ですることもなく一人で淋《さみ》しいから、孫の写真を持ってきて」と頼まれました。しかし旅行先、家の中、記念行事、近所の風景……。あまりにも写真が膨大にありすぎて、いったいどれを持っていけば良いのか、Sさんは困ってしまったのです。

結局、風呂敷《ふろしき》に包んで持てるだけ運ぶことになりましたが、その時、奥さんから「これから先、体調を崩すことも増えてくるので、そんな時にパッと見られる手軽なアルバムがあったら良いのに……」と言われました。

奥さんの退院後、Sさんはアルバムの整理に取りかかりました。アルバムには似たような複数枚ある写真の中から一番良く写っているものを厳選し、「和也《かずや》、お宮《みや》参り、明治神宮」「彩乃《あやの》、入園式」のようにちょっとしたメモをはさみ、ひと目で何の写真か分かるように作っていったのです。

そして残りの写真はまとめて段ボールに入れ、押し入れにしまったそうです。孫の写真は今後も増え続けますが、すべてを手元に置いておくのではなく、お気に入りの一枚を抜粋してアルバムに貼ることで、スッキリと整理できました。「ダイジェスト版」ができたことで、以前より気軽にアルバムを見る回数も増えたとか。

年齢を重ねたら先々のことも考え、アルバムの写真も「量より質」を追求して整理すると良いのかもしれません。

人生を見つめ直す――自分史を書くより「自分史のアルバム」を

最近、「自分史」を書く人が増えています――。今までの人生で歩んできた道を文字にして丁寧に見つめ直すことで、家族や友人との絆《きずな》やありがたさを感じたり、改めて自分の存在価値を見出したり、さまざまな気づきがあるといいます。

けれども、いざ自分史を書くとなれば、ある程度筆《ふで》が立つ人でなければ難しいかもしれませんね。

最近では、少なくないお金を出して専門の業者に依頼したり、マニュアル本もあって、その中の質問に答えていくことで大まかな自分史の構成ができあがるものもありますが、それでも一般の方にはハードルが高いでしょう。

そこで、前項とも関係しますが、写真の整理をかねて「自分史のアルバム」を作ってみるのはいかがでしょうか。

時間的な流れに従って、自分の人生の中で「これは」と思う写真を貼っていく作業なので、文章を組み立てるより手軽にできそうです。さらに、似たような多すぎる写真をスッキリ整理できるのですから「一挙両得」では？

手順としては、自分史を書くときと同様に、まず全体の筋書《すじがき》となる「年表」を作ります。自身の誕生から、入学・卒業・就職・結婚・出産・転勤・家を建てる……など、人生の大きなイベントを時系列に書き出します。そうすることで、自分がどんな「一本の道」を歩んできたかが一目瞭然となるでしょう。

そして次に、イベントや年代ごとに写真を厳選し、だいたい一項目・アルバムの見開き二ページくらいを目安に貼り付けていきます。

たとえば「会社員時代」のページには節目ごと、入社当時や社員旅行、同僚と職場でのスナップ、トップセールスで受賞した時の写真、定年退職の日、自分の名刺《めいし》なども貼ると、仕事をしていた頃の様子がありありと思い出されます。

自分の写真だけでなく、その時代に親しかった人、お世話になった人の写真を貼ると、時代の移り変わりを感じることができるでしょう。

そうして、自分史に必要な写真を貼り終えたら、「残った写真」をどうするかを考えます。すでに「一番良い写真」を選んでアルバムに貼っているはずなので、以前よりは、ずっと捨てやすくなったはずです。

しかし、それでも処分できない多くの写真が手元に残るでしょうから、親しい人と一緒の写真は、その人に差し上げても良いかもしれません。

遠く離れた人には「アルバムの整理をしていたら、あなたの懐かしい写真が出てきました」と一筆添えて郵送すれば喜ばれると思います。

あとの残りは、今日の日付を記入した袋や箱に入れて保管します。なぜ日付を入れるかというと、数年経ったらもう一度写真を取り出し、そのとき不要に感じられるようになったものは処分するためです。

こうしていれば、いざ自分の身体が思うように動かなくなっても安心ですし、もし旅立ちの日がやって来たとしても、遺族が膨大な写真の整理に頭を悩ます必要がなくなります。

また「よく整理された」自分史のアルバムは、きっと残された人が大切に受け継いでくれることでしょう。

◆「いざ」という時の連絡先――昔の年賀状は「データ化」も考える

最近はメールで済ませる人も増えていますが、新年を寿《ことほ》ぎ、相手の一年の幸せを願う年賀状は、大切に守っていきたい日本の文化です。

しかし、毎年届く年賀状。お付き合いの幅が広ければ広いほど、かなりの枚数が溜まっていきます。

それが十年、二十年、いやもっと……ということになれば、その置き場所や保存方法、あるいは処分についても、ちゃんと考えなくてはいけませんね。

けれど、しばらくお付き合いがなかった人と、久しぶりに連絡を取ろうというシーンで、真っ先に思い浮かぶのが、実は年賀状なのです。同窓会のお知らせをする際などに「たしか、昔の年賀状に電話番号が書いてあったな……」といった経験は、年を重ねた人ほど多いかもしれません。

だからこそ、すでに付き合いのない相手から昔もらった年賀状でも、なかなか「万が一」を思うと処分の対象にならないのです。それに「たかがハガキ一枚、捨てたところで整理にもならない」という気持ちもあるのでしょう。

最近、そんな人にぴったりのサービスがあります。それは、年賀状のデータ化です。

ある大手カメラチェーンでは、年賀状を店に預けると、両面をＰＤＦの画像データにしてくれます。さらに、相手の住所をＣＳＶ（テキスト形式のファイル）にして住所録を作ったり、注文があれば、それを「宛名《あてな》シール」として出力もしてくれるというものです。

もちろんコストはかかりますが、山のようにある昔の年賀状がなくなれば、戸棚もスッキリします。また「あの人の連絡先を探したい」という時も、年賀状の住所一覧がデータ化されていれば、探す手間も大幅にカットできるでしょう。

老後の整理術——「何もかも捨てるのが良い」とは限らない

スマートフォンを使ったことがある方ならご存知かもしれませんが、さまざまな便利なアプリが、無料でダウンロードできるようになっています。

その中でも、若い人に人気があるのが「名刺管理アプリ」です。これは名刺を撮影してデータ化するもので、机の中でどんどん増えていく名刺の保管場所に頭を悩ませずに済みます。

また、スマートフォンにすべてのデータが入ってしまうので、必要な時には何百枚という名刺の中から検索して、手軽にパッと見ることができるわけです。

もしかすると、こうしたアプリは、高齢者こそ一番便利に活用できるシステムかもしれません。

なにせ、何十年と社会人生活を送ってきたわけですから、名刺の数は若手と比べたら物の比ではありません。こうしたものをすべてデータ上に整理・処分できたら、どれだけ暮らしがスッキリとするでしょう。

しかし、今使っていない物はさっさと処分するのが一番良い――、サッパリとした気持ちになるには断然捨てることだ――とは、私は断言しません。

なぜなら、人間には「無駄」も必要だからです。

特に、長年かけていろいろな人と交換した名刺などは、「単なる物」ではありません。その人がビジネスパーソンとして汗水たらして働いて手に入れた、努力の証拠であり、社会人としての誇り、歴史そのものと言ってもいいでしょう。

たとえ分厚い名刺ホルダーが何冊あろうと、古い名刺が黄《き》ばんで日に焼けた色になろうと、それはその人にとってかけがえのない宝物かもしれません。毎日開いて見なくとも、数年手に取らず本棚を占拠《せんきょ》していようとも、その人が心のどこかで大切に思っているのなら、そのままにしておこうではありませんか。

「老後の整理術」は、単に物を少なくすることとは違います。人生の残り半分を豊かに、そして心軽やかに暮らすための知恵です。そして最優先されるべきは、あくまで一人一人の気持ちなのです。

自分の思いや拠《よ》り所となるものを大切に残し、その上で、私の話にも少し耳を傾けていただき、より生活の質を向上させてほしいと思います。

第2章

「少し先の心配」も整理してみませんか？

――毎日をスッキリと過ごすために

◆健康面のモヤモヤ――「かかりつけ医」に質問できていますか？

老後の生活と医療は、切り離しては考えられません。それだけに、まず大切なのは医師や病院と良い関係を築《きず》くことです。

普通、ある程度の年齢になれば、自分の「かかりつけ医」がいるでしょう。よく「もう先生には十年も診ていただいています」と、お付き合いの長さと信頼の深さを「比例」して考える人もいますが、単に受診《じゅしん》を重ねるだけでドクターとの信頼関係が築けるわけではありません。

かかりつけ医と良い関係を築くには、何よりも、こちらが納得するまで質問を重ねて、話し合うことが大切です。

「何時間も待って診察《しんさつ》は五分」という多忙な医療現場では、医師とじっくり話すのは難しい――と、初めからあきらめている人もいるようですが、現在は「インフォームド・コンセント」（正しい情報を得た上での合意）を重視するようになっていて、昔より、ずっと患者の声を受けとめてくれるはずです。

ですから「質問ばかりすると先生に嫌われる」とか「質問して時間を取らせるのは迷惑だろう」というような思い込みは捨てて、治療に必要なことはきちんと聞くように心がけましょう。そうしたやりとりの蓄積こそが、老後のより良い医療につながるのです。

ただし、こちらの明らかな準備不足で、医師に無用な時間や二度手間を取らせるようなことは、避けるべきでしょう。

もし、「診察室に入ると聞きたいことを忘れてしまう」「どう切り出していいか分からなく、結局は質問できなかった」「次回、また同じことを聞かなくては」という経験がある人は、走り書きでも構いませんので、あらかじめメモに質問したい内容を整理して箇条《かじょう》書きにしておきましょう。たとえば、

1. 来月、二泊三日で旅行に行っても良いか？
2. 眠くならない薬に替えてほしい
3. 最近、耳鳴《みみな》りがするが、これは薬のせいなのか？

このように書いておけば、診察室での聞き忘れを防げます。このメモは自分が見て分かればいいので「旅行、眠くならない薬、耳鳴り」と書いておくだけでも良いのです。

診察室に入ると緊張する人は、事前に受付で「今日は先生に、○○と○○について聞きたいのですが……」と落ち着いて話しておけば、診察前に医師に伝えてもらえるでしょう。

医師も限られた時間の中で多くの患者と接しますので、一人のために多くの時間を割《さ》くのは難しいかもしれませんが、患者が必要とする質問には答える義務があります。こうした患者の要望をきちんと受け入れてくれるかどうかが、ドクター選びの判断材料になるかもしれません。

また、お互い人間ですから、医師と患者の間にも相性《あいしょう》というものがあります。「この先生に診てもらうと、なぜか安心できる」と感じられる医師となら、より自然なコミュニケーションができるものです。

相性の良い医師や病院を選ぶには、いろいろな理屈よりも「何となく落ち着く」「感じが良い」といった直感が役立つことも多いようです。

そして、普段からドクターとの意思の疎通がうまくできていれば、急な手術や入院が必要な場合でも落ち着いて対処できるはずです。

医師とのしっかりしたコミュニケーションの蓄積は、何より、いざという時の不安をなくし、日常生活においても心を軽くしてくれるでしょう。

◆年を取って病院との往復は大変――入院バッグの準備は大丈夫？

老いも若きも年齢に関係なく、大多数の人が「自分だけは病気にならない。ましてや入院することなんてないだろう」と漠然《ばくぜん》と考えています。その証拠に、いざ入院となると「まさか、自分が入院するなんて……」とビックリします。

無論、生きていれば、病気もするしケガもします。それは高齢者に限ったことではありませんが、年齢を重ねればその分、体にガタも来ていますから、入院のリスクが高くなるのは間違いありません。

だからこそ、いつそうなっても大丈夫なように、あらかじめ「入院グッズを入れたバッグ」を自分で整理して作っておくことをおすすめします。

家族と暮らしている人の場合、「家の者に持って来させればいい」と思うかもしれませんが、急な入院の時は家族にも精神的余裕がありませんし、近所の病院に入れるとも限りません。

「あれが足りない、これも足りない」と遠くの病院と自宅を頻繁《ひんぱん》に行き来するのは、体力的にも金銭的にも大変です。入院する本人も看病する側も、年を取っていればなおさらでしょう。

あらかじめ余裕のある時に、自分で病院に持っていく必需品や私物をきちんと入れておけば、「入院バッグを持って来て」のひと言ですみます。

いざ入院する際は、体調がすぐれず準備どころではない場合が多いので、一人暮らしの方はなおさら早目に準備しておくべきです。

病院によっては持参する物が違うので、もし自分が入院する可能性が高いであろう病院が分かっている場合には、あらかじめ「入院の案内」をもらっておくと良いでしょう。そこには、必要な物がすべて記されています。

入院する時に保険証が必要になるため、入院バッグの中に突っ込んでしまう人もいますが、本来、保険証は日常的に使うものです。コピーを入れておけば、保険証の番号が分かって便利です。

そして入院バッグは押し入れやタンスの奥などにしまいこまず、寝室やベッドの脇《わき》など、誰が見てもすぐ分かる場所に置いておくと、自分だけでなく、家族や代理の人も持ち出しやすいでしょう。

老後の生活は何ごとも、少し先の心配も整理して「備えあれば憂《うれ》いなし」にしておくのが基本です。安心してスッキリした気持ちで毎日を過ごすためには、できる限り「万が一」に備えておくことが大切なのです。

◆気力があるうちに準備――「一人暮らし」の心配を放置しない

年齢を重ねると、どうしても気にかかるのが「介護《かいご》」の問題です。特に、一人暮らしをしている方はなおさらでしょう。

元気なうちは「一人で何とかなる」と強がっていても、ひとたびケガをしたり病気で寝込んだ後には、「やっぱり誰かの助けがないと無理だろうか」と思ったり、さらに心配が膨《ふく》らむと「もしかすると、自分は孤独死《こどくし》するんじゃないだろうか」という不安が頭から離れなくなるといいます。

根源的には、人間は誰でも一人で生まれて、一人で死んでいくものです。ですから「一人で死ぬ」こと自体にそれほど深い悲壮《ひそう》感を抱く必要はないと思いますが、助けが必要で苦しんでいるのに、誰にも気づいてもらえない状況はつらいでしょう。

現在は、一人で暮らす高齢者がますます増えています。

伴侶《はんりょ》に先立たれた、もともと結婚していない、子どもはいるが同居はしていないなど、事情はさまざまですが、一人で生きると決めた以上、少しでも安心して暮らしたいという願いは共通です。

また「誰かに迷惑をかけずに一人で生きたい」という気持ちも、同様に尊重されるべきでしょう。

現在、そんな一人暮らしの高齢者をサポートするシステムが、社会的にできあがりつつあります。

たとえば、ある団体の「みまもり制度」に登録すると、負担する金額に応じてさまざまなサポートが受けられます。

一人暮らしの人が突然入院を余儀なくされた場合、家から荷物を運んでくれる人も、留守中、家賃の支払いをしてくれる人もいないわけですから、いろいろな問題が一斉に出てきます。

また、自分が死んでから、財産の整理や葬儀の段取りなども頼む人がいなければ困るでしょう。さらに、認知症の症状が進行すれば、誰かの助けなしでは生きていけません。

そうした役割を、家族同様に引き受けてくれるのが、みまもりサポートの役割なのです。

行政でもこうしたサポートをしていますし、さらにきめ細やかなサービスを求めるのなら、お金はかかりますが民間企業などで、自分の希望に合ったサポートシステムを探すと良いでしょう。

何もせずに「ボケたらどうしよう……」「寝込むようになったら、誰も見てくれない」などと心配するよりも、できるだけ元気なうちに先々のことを考えて手を打っておくと、気持ちがずっと楽になります。

また年齢を重ねるごとに、さまざまなことが億劫《おっくう》になりますから、新しいことを始める気力が残っているうちに、できる限り「安心の準備」をすることはとても大切です。

生前に「エンディングノート」を書く大切さ――心と身辺の整理を

最近、多くの書店や文具店《ぶんぐ》で取り扱っている「エンディングノート」。これは、自分史や家系図、財産整理、家族への伝言など、自分が他界した時に備えて、もろもろを書き留めておくノートのことです。

インターネットでダウンロードできるサービスもありますし、自分の好きなノートに書き記しておくのも良いでしょう。

Sさんは、親友のAさんの死をきっかけにエンディングノートを書くことにしました。というのも、父親の突然の他界によってAさんの子どもたちが混乱し、仲違《なかたが》いしてしまう姿を間近で見たからです。

Aさんは、妻に先立たれて、未婚の娘さんと二人で元気に暮らしていました。それまで病気知らずだったため、自分が突然帰らぬ人になるなど考えたこともなく、それは同居の娘さんも、近くに居《きょ》を構える息子さんも同じでした。

ところが、救急車で運び込まれた病院で延命《えんめい》処置について医師から尋《たず》ねられた時に、兄妹で意見が分かれました。結局、どうするか兄妹で揉《も》めている間に、Aさんは息を引き取ってしまったのです。

さらに葬儀の規模についても、戒名《かいみょう》についても兄妹の意見が分かれ、親友だったSさんが「たしかAさんは生前、こんなことを言っていた……」という話をしたことで、何とか収まりがついたそうです。

Sさんはそれまで、「死んでしまえば何もかもなくなる。その先のことを考えたって仕方がない」と思っていました。

けれども、自分の死後についての「意思」をきちんと伝えておかなければ、ただでさえショックを受けている家族が、さらに揉めるようになってしまう――。それだけは、避けなくてはいけないと強く感じたのでした。

正式な遺言書と違って、エンディングノートには「こう書かなければいけない」という決まりはありませんが、おおよそ次のような内容を書いておくと良いでしょう。

①「自分史」について——特に自分の幼少時代など

卒業した大学や勤めていた会社などは遺族にも分かりますが、小中学校の時代となると、伴侶は知っていても、子どもにまでは知らされていない場合もあります。自分の歩んできた道ですから、人生を振り返るためにも記しておきましょう。

また、最近では自分の家の家紋《かもん》や菩提寺《ぼだいじ》、宗派なども知らない若い人が増えています。それらも書いておけば、葬儀の際などに一目瞭然で親切です。

②財産について——家族に「誤って」捨てられないために

これは預貯金や有価証券、不動産だけでなく、趣味で集めたコレクションなども含まれます。

趣味のものは「その筋の人」にしか価値が分からないことも多いため、「ガラクタと思って捨てたけれど、ものすごく価値のあるものだった」と、後で家族が悔しい思いをすることにもなりかねません。

一般的に価値が高くないものでも「○○と箱に書いてある掛け軸は、お世話になった○○さんが欲しがっていたので、ぜひ差し上げてください」とか「○○の小説シリーズは稀覯《きこう》本なので図書館に寄贈《きぞう》してほしい」などと、ノートに書き込んでおくと良いでしょう。

③万が一の時について――突然の事故、延命処置、認知症……

突然の事故や急病で倒れた時に「延命処置」はどうするかや、臓器提供の希望などについても書き込んでおきます。

また認知症が深刻になった場合に、自宅で介護してほしいのか、施設への入所を希望するかなど、本人の意思をひととおり書いておくと、家族は揉めずにすみ助かります。

④葬儀やお墓について――自分の死を知らせてほしくない人も

葬儀の規模やお寺へのお布施《ふせ》の額ももちろんですが、自分の死を誰に知らせてほしいのか、逆に「知らせてほしくない人」なども記されていると、遺族は助かるでしょう。また、最近ではお墓を作らずに散骨《さんこつ》を希望する人も増えています。そういった多様な内容も、率直に書き込んでおけるのが、エンディングノートの良さなのですね。

「エンディングノートなんかを書くと、すぐに死ぬみたいで気分が悪い」という人も当然います。けれども、死は誰にでも平等に訪れるものですし、生きているうちに自分の意思を記しておけば、死後もそれが尊重されるわけです。

少なくとも、曖昧《あいまい》なまま「故人の遺志」をめぐって、家族が仲違いをしたり、まったく見当違いのことをされる心配はなくなります。

最近では、三十代、四十代の女性が「死ぬまで自分らしく生きる」ための意味も込めて、エンディングノートを書き始めるそうです。死を前向きに受け止める彼女たちの姿勢に、今のシニア世代も大いに学ぶべきではないでしょうか。

◆「生前の墓づくり」「新年に自分の墓参り」で内面と向き合う私

かつては、葬儀屋さんやお寺に全部お任せすることの多かったお葬式ですが、最近では「形式化」したお葬式を嫌って、戒名や祭壇《さいだん》の設置を辞退したり、逆にオリジナルの演出で葬儀を行なうなど、お葬式の「あり方自体」を見直す動きも目立っています。

無駄なお金を使わない簡素化した葬儀も注目され、家族葬や個人葬といった形式に対する関心や理解も高まり、故人の個性を色濃く映《うつ》し出す「セレモニー」へとシフトしつつあるのが実情でしょう。

たとえば、写真をスライドショーで見せる映像葬、樹木を墓碑《ぼひ》とした樹木葬、海や山などに遺灰を還《かえ》す自然葬など、パッケージ化された式典より故人らしさを表現した、実に多彩なセレモニーの形を選ぶことができます。

また、昔は夫婦が同じお墓に入るのが当然でしたが、最近では故人の希望で別の場所に納骨《のうこつ》したり、それぞれの望む場所で散骨したり、その自由度もますます高まっているようです。

こうした社会全体の風潮《ふうちょう》とともに、生前に自分のお墓を建てる「墓づくり」も年々増えていて、特に定年をひとつの節目に、記念碑としてのお墓を建てようという動きが盛んです。

生前の墓づくりの理由はさまざまですが、「お金のことで家族に迷惑をかけたくないから」「早めにお墓を建てるのはかえって縁起《えんぎ》が良いから」という人も多く、それなら思い切って「自分らしいお墓を作ろう」と、ゴルフ好きがゴルフボールに模《も》したお墓を作ったり、犬を飼っている人が愛犬と一緒に入れる特別のお墓を作ったりするケースもあります。

実は、私自身も四十代半ばにして自分のお墓を建て、毎年新年には自分の墓に参るようにしています。

まだ若いうちに自分の墓を作った理由は、「そろそろじっくり腰を落ち着けたい」と思ったからです。それまで目まぐるしく転勤や引っ越しを繰り返していた生活のリズムを、ゆったりしたものに変えたいという願いもありました。

こうしてやっと定住の地を見つけ、自分の墓を建ててみると、とても穏やかで静かな心境になりました。新年に「自分の墓参り」をすると、心が洗《あら》われるような気持ちになるのです。

自分の墓に向かって、自己の内面と対峙《たいじ》することで迷いも吹っ切れ、毎年心新たにスタートできるだけでも、お墓を建てた意味はあると思っています。

もちろん生前の墓づくりは、誰にでもすすめられるものではありませんが、一年に一度や二度、さまざまな「終活《しゅうかつ》」を通じて、普段は意識しない自身の心の声に耳を傾けてみるのも良いのではないでしょうか。

「終活」を期に、スッキリ生まれ変わった気持ちを味わえば、以後の人生の楽しさも深さも、いっそう増すに違いありません。

◆安心の住居を考える——「家庭内事故死」が圧倒的に多い高齢者

年を取ると足腰が弱くなって、思わぬところでつまずいたり、転倒して骨折したり、若い頃には考えられなかったトラブルにも見舞われるものです。

高齢者に関しては、実は「家庭内事故死」のほうが交通事故死よりも多いという結果になっています。

また、家庭内で負傷する人は年間約四〇万人とも言われており、さらに家庭内事故で亡くなった人の七二％が六十五歳以上と圧倒的に多いことからも、老後の生活で安全に暮らせる住まいは、若い世代が考えている以上に大きなテーマでしょう。

危険を少なくするために「リフォーム」する場合は、まずはプランをしっかり立てることが大事です。

今は住宅メーカーでも、リフォームに力を入れている企業が増えていますから、住宅展示場を回って、最新の設備を見ながら計画を立てるのも良いでしょう。

また、介護を意識したリフォームを行なう場合には、介護される側とする側の両方の使いやすさを考えておく必要があります。大まかな「介護リフォーム」については、次の点にまず気をつけましょう。

◎老後の生活は、できる限り一階で完結する形に近づける。

◎洗面所、トイレ、浴室などの水まわりはできるだけ一ヵ所にまとめ、寝室から廊下を通らずに直接トイレへ行けるようにする。

◎寝室はベッドのほうが生活しやすく、介助《かいじょ》が必要になった時でも対応しやすいので、慣れる準備をしておく。

ただし、老後を迎えてからの大規模な改築は、経済的にも負担が大きいため、十分に検討しなければなりません。また、リフォームして実際に使う人生の残り時間も計算すれば、「どうせやるなら早いうちに」という考え方もあります。

「日曜大工」を老後の趣味にして、楽しみながらコツコツと住まいの手直しをしていったという人もいますから、住まいづくりは、やはり焦《あせ》らずマイペースで取り組むのが基本のようです。

◆物置代わり――使わない「子ども部屋」を放置していませんか？

一戸建てに住んでいる年配の方に「今、子ども部屋はどうされていますか？」と聞いてみると、意外なくらい多いのが「実は子どもがいた時のままで、物置《ものおき》のような状態なんですよ」という返事です。

たとえば、定年を迎える人の子どもであれば、すでに三十歳前後が多いでしょう。就職や結婚などで現在は別居しているのなら、もう子ども部屋は必要ないはずなのですが、多くの場合は、子どもが学生だった頃と同じ状態で放置されているようです。

それだけならまだしも、なかには自宅で保管しきれない荷物を実家に預けて、便利な倉庫、物置代わりにしている子世代も多く、ますます子ども部屋は活用度の低いスペースになっていると思われます。

しかし、固定資産税をしっかり払いながら、家の中で自分たちが何も利用していない空間があるというのは、もったいない話です。「老後の生活スタイル」を見直すと同時に、改めて子ども部屋の有効利用を考えてみてはどうでしょうか?

子ども部屋のリフォームでは、まず夫婦の寝室を二つに分けて、個々のベッドルームとして活かすというのが人気のあるプランです。

子どもが学校に通っていた時代はもちろん、仕事をしていた時は通勤のため、夫婦そろって決まった時間に起きていた人が多いと思います。けれども、仕事をしなくなると起床時間や就寝時間が異なって、夫婦別々の部屋のほうが都合良く過ごせるというケースも少なくありません。

こうした希望は、特に奥様から出されることが多いようです。「長年、夫のイビキに悩まされてきたけれど、もう勘弁《かんべん》してほしい」とか「隣で動かれると夜中にすぐ目が覚める」「そろそろ一人で、ゆっくり眠れる寝室が欲しい」といった理由を挙げて、夫婦別室の暮らしを提案されますが、反対にご主人が寝室を別にしたいと望まれるケースは、めったにないということです。

その他には、老後は体力が何より大事だと、子ども部屋をトレーニングルームに改造して、筋トレやストレッチを楽しんでいるご夫婦もいます。

「自宅でもルームランナーやサイクルマシンが使えるので、雨の日もトレーニングができますし、わざわざ専用の部屋を作ったことで、運動に対するモチベーションは上がりましたね」という感想も聞かれるように、これは「運動を習慣にしたい」という希望を持つ人には、おすすめのプランと言えるでしょう。

また、「夫婦二人でスポーツジムに通うと結構なお金がかかるので、その点では経済的にもプラスだと思います」「夜出かけるのは億劫ですが、夕食後も家で運動できるのが良いところです」といった意見もあり、アクティブな老後の生活スタイルを考えるには参考になるアイデアかもしれません。

これらが「動」のプランだとすれば、子ども部屋を茶室《ちゃしつ》や書斎《しょさい》、図書室などの「静」のプランに転換する方法もあります。

特に何か趣味で究《きわ》めたいものや、物づくりなどじっくり取り組みたいものがある場合は、こうした模様替《もようが》えもいいでしょう。

老後の人生にとって、自分の趣味はそれまでの仕事に替わる大きな要素になりますから、このくらい重点を置くのは当然です。むしろ模様替えがきっかけとなって、趣味への関心は増すはずです。

そして、もうひとつは子ども部屋を、友人知人とのオープンスペースとして活かす案です。

俳句や絵画などのサークルを開催して仲間と趣味の共有をしたり、ご近所の主婦を集めて郷土《きょうど》料理の研究会を開いたり、将棋《しょうぎ》や囲碁《いご》の愛好クラブを開くなど、小さなコミュニティの場にすることで、新しい人間関係を築くこともできます。

お付き合いの輪《わ》が小さくなりがちな老後だからこそ、積極的に自分の家を交流の場に提供するのも、ひとつの有意義な方法ではないでしょうか。

さらに、もし子ども部屋が玄関の近くで、他の部屋を通らなくても行ける場合には、「貸し部屋」として活用することも考えられます。

たとえば学習塾や書道教室、幼児教室などにレンタルスペースとして貸し出すことができれば、額はわずかでも定期的な収入が得られますから、家計の助けになります。そこまでいかなくても、他のコミュニティの会合の場に臨時で貸し出すなんてこともできるでしょう。

このようにアイデアや条件次第で、新たな活用がいくらでも可能な子ども部屋ですから、何年も手つかずのまま放置することのないよう、よく考えてみてください。

ただし、いずれの場合にも事前に子どもとよく話し合い、了解を得た上で模様替えするのが基本です。子どもが久しぶりに帰省したら、いきなり自分の部屋がなくなっていたというのでは、ビックリしてしまいますよね。

まずは、大掃除の時期と合わせるなどして子どもに自分の部屋をチェックしてもらい、不要な品を選別して整理することから始めましょう。

もちろん、子どもが小さい時の思い出のまま、その部屋を大切に残しておきたいという方もいると思います。

けれども、ただ何となく手つかずのままになっているのであれば、思い出は心の中に大事にしまっておいて、「新たな生活プラン」を考えることも老後には必要です。

一度、夫婦で子ども部屋をどうするか話題にされてみてはいかがでしょうか。

◆「収納スペース」が増えるほど、物が片付かなくなる罠

不動産屋さんに「最近人気があるのは、どんな物件ですか?」と質問すると、「一戸建てでもマンションでも、収納スペースの多い家が人気ですね」という答えが返ってくるはずです。

これは日本が高度成長期を迎え、電化製品などが急速に普及した頃から今も続く傾向です。現代でも「シンプルライフ」→「スッキリした生活」→「居住空間になるべく物を置かない」→「収納スペースの多い家」という考え方が主流で、家づくりでも収納の利便性が大きなポイントを占めています。

ですから、マンションや住宅の広告チラシ、パンフレットには「大型ウォークイン・クローゼット完備」とか「充実した収納スペース」「たっぷり入る収納力でお部屋スッキリ」といった謳《うた》い文句が並んでおり、それが高齢者の転居の住まい選びでも、変わらず大きな基準になっているようです。

ちなみに、住まいの中の収納スペースを計算するには「収納率」という数値を使いますが、これは住宅の床《ゆか》面積に対する収納面積の割合です。

つまり、収納率の数値が大きいほど収納場所が多いことになりますが、この値《あたい》には一般にクローゼットや押し入れなど、高さが一八〇センチ以上ある収納だけが含まれ、小さな収納庫などは当てはまりません。

それでは一軒当たりどのくらいの収納容量があれば良いかというと、一戸建てでは約一二～一五％、マンションでは約八～一〇％の収納率が望ましいとされています。

ところが、仮にこれ以上のスペースがあっても、長く住むうちにだんだん室内に物があふれて、結局、収納力に物足りなさを感じるという体験をされている人は多いのではないでしょうか？

では、なぜ十分な収納力があるのにスペースが足りないと感じるかといえば、それは「人間はゆとりがあるほど、節制《せっせい》が効かなくなる」からです。

つまり、通常より大きなサイズの服やズボンを買うと、楽ちんなので安心してダイエットのことなど頭から忘れてしまい、結果的に油断してどんどん太ってしまうようなものです。「スリムな体型」を維持したいなら、やや小さめのサイズの服を着るぐらいが、ちょうど良いのかもしれません。

キャパシティに余裕があれば、「あるだけ溜め込む」のが人間の習性なので、たとえば最近のシンプル・インテリア術では、「収納グッズを買わない」ところからコーディネートが始まります。

収納グッズを買うと、その中に何をしまうかを熱心に考えるようになり、根本的な「スッキリ」(最初から買わない、不要な物は捨てる)とは逆方向に働くわけですね。

ですから「最初から収納スペースは小さめに設定」「収納グッズは置かない」、そして「目いっぱい詰め込まない」というのが、新しい収納の考え方になりつつあるようです。

高齢者の方でスッキリ暮らしたいのになかなか物が片付かないとお悩みなら、こうした収納に対する「新しい考え方」も参考にしてみてください。「収納スペースが多ければ、すべて解決する」という長年の固定観念を捨てるところからも、「老後の整理術」は始まるのではないでしょうか。

◆定年後の夢――本音は「田舎暮らし」か？「スローライフ」か？

「あなたの老後の夢は？」と聞かれたら、何と答えるでしょう？

きっと都会で満員電車に揺られていた多くの人が「定年後はのんびりと田舎《いなか》で暮らしたい」とか「無農薬で作物を育てるような農業をやりたい」「農村で都会にないような素朴《そぼく》な暮らしをしたい」などと望んでいるのではないでしょうか。

ところが、現実はそれほど甘いものではないようです。

実際に田舎暮らしを始めた途端、理想と現実のギャップを突き付けられて、早々に「農村生活から撤収《てっしゅう》する」人がいるのも事実です。

そうした実情に対して、地元では「都会人が夢見るのんびりとした田舎暮らしというのは、あまりにリアリティのない虚像《きょぞう》ではないのか」という冷ややかな見方もあるようです。もし真剣に農村での生活——移住を望むなら、もう少し地に足の着いた考え方が必要かもしれませんね。

都会の人は田舎を「のどかな自然空間」と考えがちですが、当然そこには長年暮らす農家の人々などがいるわけで、彼らにとって農村はリゾート地でも観光地でもなく、あくまで「生産の現場」なのです。

つまり、都会人にはのんびりとした田舎に見えても、ご当地の農家にとっては自身や家族の経済生活を支える真剣な労働の場なのですから、ひとつ間違えれば空気の読めない「歓迎ならざる邪魔者《じゃま》」になってしまう危険性もあるのです。

もちろん、ほとんどの場合、お互いの立場を理解して協調性を発揮することでトラブルは回避できるのですが、まずは「郷《ごう》に入《い》っては郷に従え」の言葉通り、その土地の流儀に準じる覚悟は要るでしょう。

けれど、ひとたび心を許して村の生活に溶け込めれば、親戚同様の付き合いができるのも田舎の良さなのです。

そして、ご主人のほうが最初に田舎暮らしを希望された場合、特に大切なのは奥さんの対応です。

ご主人は近所付き合いをそれほどイメージしていないかもしれませんが、村の人との付き合いで矢面《やおもて》に立つのは多くの場合、奥さんです。もし奥さんが、日々のコミュニケーションに不安を感じたなら、すぐに農村生活そのものがギクシャクしてしまいます。

つまり、「田舎暮らしへのアプローチ」はあくまで焦らず、夫婦お互いの時間と理解をかけてゆっくりと決めるのが原則です。地域に根ざした暮らしの中に飛び込むなら数年の歳月をかけることは、むしろ当然とも言えます。

もしそれを「面倒だ」「まどろこっしい」と感じるなら、初めから適度な距離を保ちながら田舎暮らしを楽しむ、そんな商業的な農村体験も良いでしょう。

最近では、全国各地に本格的な農業体験のできる農園や、週末だけ農業にチャレンジできる貸し農園など、いろいろな施設が誕生して好評を得ています。

特に注目を集めている農業施設が、ドイツ生まれの宿泊滞在型農業体験施設「クラインガルテン」です。クラインガルテンとは、ドイツ語で「小さな庭」を意味する言葉で、ヨーロッパでは大変盛んな市民農園のひとつ――。

これは「滞在型市民農園」とも言われ、平均面積が一〇〇坪《つぼ》程のラウベと呼ばれる家屋がついた農園で、家庭菜園やガーデニングが楽しめるのが特徴です。

ですから、本当は「農村暮らし」を望むというよりも、別荘やセカンドハウス感覚で農園を借りて「スローライフ」を味わいたい人にはピッタリです。

いわばクラインガルテンは、農業の初心者向けに用意された入門コースです。まずは、こちらで農園体験が自分や奥さんに合うかどうかを試して、もし具合が良ければ本格的な参入を考えても良いでしょう。

腰を据えて農業に取り組むのも、気楽に田舎暮らしのエッセンスだけ満喫《まんきつ》するのも、結局は本人の好みとやる気次第――。

自分が本当に求めているのは何なのか？　一度問い直して、老後の楽しみ方のスタイルを見つけてみてください。

第3章

明日が楽しみになる「お金のやりくり」

――大切なのは「現役時代」の心の整理

◆大切なのは「心のゆとり」――節約生活でみじめになっては本末転倒

「消費が美徳《びとく》」と考えられ、多くの人が買い物や旅行に興《きょう》じたバブルの時代からすでに二十年以上――。

長引くデフレ不況にもようやく明るい兆《きざ》しが見え始めた気もしますが、庶民《しょみん》の財布の紐《ひも》は固く結ばれたままです。消費税の増税も考えれば、シニア世代が油断なく節約生活を心がけるのは当然かもしれません。

しかし、気をつけなくてはいけないのは、「心まで貧しくなってはいけない」ということです。

まだ歳が若く、家族や自分の将来の夢のために、三度の食事を二度に減らしても厭《いと》わない世代でしたら、たとえ貧しく過酷《かこく》な状況でも笑って乗り越えられるのでしょう。

けれども、ある程度の年齢に達したら「節約生活＝みじめな生活」という図式は避けたいものです。

そこで参考にしたいのが、戦後の貧しさを抱えたままの昭和二十年代に撮られた映画『東京物語』や『麦秋《ばくしゅう》』です。こうした小津安二郎《おづやすじろう》監督の作品を見ると、豊かではないけれど小さな誇りを大事にしながら凛《りん》として生きる、日本の庶民の精神性が垣間《かいま》見えて清々《すがすが》しい印象を受けます。

物質的には、決して豊かとは言えない暮らしの中でも、考え方次第で心豊かに生きられることを現代に教えてくれているのです。これらの作品は「みじめさを感じない節約生活」の大きなヒントになるのではないでしょうか？

実際、何十万円もする高い洋服を身につけながら、少しも品良く見えない人もいれば、バーゲンで買った服を上手に組み合わせて、とてもお洒落《しゃれ》に見える人もいます。これは、店頭で支払う金額と実際のコストパフォーマンスは、必ずしも比例しないということです。

それならば、お金をうまく節約しながら、実際の出費以上の効果が得られればとてもお得で「やった！」という気分にもなりますね。

しかし、いつも電卓を片手に一所懸命に計算をして、いくらかの節約ができたとしても、あなたが眉間《みけん》に皺《しわ》を寄せて「必死の形相《ぎょうそう》」になっていたのでは、本末転倒です。お金のゆとりは、結局のところ「心のゆとり」を生み出すためのものでなくては意味がありません。

第一、自分が楽しいと思うことでなくては、定年後も長年にわたって続けられるものではないでしょう。

若い頃のように、ただ将来のために我慢する節約生活ではなく、これまで培《つちか》ってきた長年の知恵で「日々の暮らし」を楽しむのが、中高年世代の節約生活の理想なのです。

ことさら禁欲《きんよく》的になる必要はないのですが、店頭や広告の商品を見て「あれも欲しい、これも欲しい。けれども何とかして我慢する――」という子どもじみた考え方からは卒業するのが、洗練された節約生活の第一歩です。

節約を心がけることは、「最初から無駄のない」シンプルライフを実現するためのひとつの手段でもあります。

こうした節約のあり方を身に付けていけば、自然とシェイプアップされた日々の暮らしを手に入れられるはず。贅肉《ぜいにく》のないスリムな家計と、そこから得られる「心のゆとり」を目指して、今日から大人の節約ライフを始めましょう。

◆「時間はある」からこそ、ゲーム感覚で節約を楽しみましょう

節約して「お金が貯まる」のは良いですが、それでストレスまで溜め込んでしまっては、高齢者が心穏やかに生活を送るという点では逆効果です。

そこで、もう一歩踏み込んで「ゲーム感覚で楽しむ気長な節約」ができれば、もっと暮らしが面白くなるのではないでしょうか？

必要に迫られて仕方なく節約するのではなく、「楽しいからやってみる」というスタンスが基本になればこそ、長続きもするのです。

◆「明日が楽しみになる」――日常が退屈なら懸賞がおすすめ

また、日常が退屈に感じるなら「遊び」や「趣味的な要素」が強いものから始めてみるのもアイデアです。なかでも「懸賞《けんしょう》」はなかなかのおすすめです。

なぜなら、節約では「何かを省《はぶ》く」ことが基本になるのに対して、懸賞では

「何かを獲得《かくとく》」するのが目標になるからです。

「いまさら懸賞?」などと思うなかれ。今まで関心のなかった方は、懸賞の専門雑誌を見たりインターネットで少し検索してみれば、ビックリするほど大小さまざまな懸賞が世の中にあふれていることに気が付くでしょう。

当たるか当たらないか分からない懸賞は、ささやかなギャンブルのようなものですから、日々の生活に変化が少なくなる定年後には、格好の刺激《しげき》となるのではないでしょうか。そして一度でも当選すると、俄然《がぜん》、やる気と次のターゲットへの積極性が出ますので、精神的な若返り効果も期待できます。

全般的に地味な努力が続く節約生活の中で、低リスク高リターンのこういった「当選する未来」が楽しみになる趣味がひとつくらいあっても良いでしょう。

昔、「懸賞だけで人間は生きていけるか?」といった内容のテレビ番組がありましたが、実際に当選した時の喜びと興奮は想像以上のようで、その「成功体験」が生活にハリをもたらすことにもなりそうです。

ただし、何ごとにもコツはあるもので、やたらと応募しても当選の確率は高くないようです。そこで、この道の達人と言われる人たちの意見に耳を傾けてみると、どうやら当選率を高めるためには一定の対策が必要なのだとか。なるほど、さまざまな試行錯誤《さくご》によって得られた知恵には感心させられます。

懸賞名人たちの「必勝法」のいくつかを紹介しましょう。

①クローズド懸賞を狙う――「日頃の習慣」で勝負が決まる

懸賞を大きく二つに分けると、オープン懸賞とクローズド懸賞があります。

オープン懸賞とは誰でも応募できるもので、クローズド懸賞は指定のシールを貼って送るなど、その商品を利用した人だけが応募できるものです。当然、応募人数が少ないクローズド懸賞のほうが、当選の確率は高くなります。

その中でも特に当確率が高いのが、食品や日用品メーカーと地元スーパーなどが共催するキャンペーンです。

応募ハガキはスーパーの店頭などで手に入りますから、日頃からしっかりチェックして、懸賞の告知があればすぐに応募しましょう。

そして大事なのは、頻繁にキャンペーンをするメーカーは、ビールや飲料水、食品、日用雑貨にしても、だいたい決まっていますから、指定の対象になりそうなバーコードや応募マークは、切り取って保管するのを習慣づけること。

それらをメーカーごとに分類しておけば、懸賞が始まってから慌てて応募券を集めるより素早く大量に応募ができ、本末転倒とは分かっていてもついしがちな、半ば「応募券目的」の無駄な買い物をしなくて済みます。

②応募期間が短い懸賞を狙う――「初回の締め切り」に間に合わせる

応募期間が短い懸賞も、日程がすぐ過ぎてしまうので当たる確率が高くなります。また応募期間中に「複数回の締め切り」があるような懸賞は、やはり最初の回の当選確率が高いのでそこが狙い目です。

ただしこの場合も、バーコードや応募マークをすでに集めていることがポイント。もし応募券がない場合は、絶対に消費すると分かっている物に限ってまとめ買いをし、先に応募券だけ切り取って「初回の締め切りに間に合わせる」という裏ワザを使う人もいるようです。

③感想を書いて当選率アップ――「媚《こ》びればいい」わけではない

懸賞の主催者側の気持ちを考えれば、応募ハガキに「添えられたひと言」にはきっと反応するはず。

応募フォームに「ご意見をお寄せください」というような欄《らん》がある場合でも、きちんと意見などを書くほうが好感度はアップします。

ただし注意したいのは、その際のコメントを「美味《おい》しかったです」などという曖昧なものではなく、「この点が特に気に入っています」とか「ここを直せばもっと良くなると思う」というように、相手が「なるほど」と思うような自分の意見やコメントを具体的に書くのがコツです。

いずれにせよ、当選率のいい懸賞とは「面倒で手間がかかるので、人が敬遠しそうなもの」というのが大方の意見です。本気で当てたいのなら、日頃の努力を惜しまないのが「最大のコツ」になります。

となると、時間に余裕があって、生活の自由度も高い定年後の高齢者には、やる気さえ出せば、うってつけと言えるのではないでしょうか。

また最近では、ネットでの懸賞応募が主流になってきましたが、個人情報の流出や悪用、ウイルス感染の問題が一〇〇%ないわけではありません。

せめてネット応募の際には、プロバイダ設定のメールアドレスを用いず、懸賞用のフリーメールなどを利用して、パソコンには最新のセキュリティソフトを入れておきましょう。こうした基本的な注意を怠《おこた》ると、懸賞に当たっても、それ以上の痛手を受けるケースがあるのです。

高齢者になるほど「インターネット」の活用で格差がつく

これほどインターネットが普及した時代ですから、きっと上手にネットを利用して、快適な生活に役立てている年配の方もたくさんいるでしょう。

けれど、節約という視点から見ると、まだまだ「ネットを活《い》かしきる」というところまでは到達していない人が多いように思われます。

そこで、高齢者が暮らしに取り入れると非常に便利なサービスや、ネットならではの特典をいくつか紹介しましょう。ほんの小さな違いに見えても、いざという時に助かったり、不安や心配を取り除いたり、長く続ければ大きな違いが出るサービスもあります。

うまく使いこなせば、単にお金だけでなく、時間、労力、気遣《きづか》いなどを含めた老後の頼りになる「節約術」になるはずです。

①ネットバンキング——「残高照会」で行列に並ぶのはうんざり

年金の支給日ともなると、銀行の窓口やＡＴＭでの大混雑に辟易《へきえき》とされている方は多いと思います。

ネットバンキングでは、何より銀行に足を運ばず、行列にもイライラせず、夜でも振り込みや残高照会ができるのが魅力です。出かける時間がない場合や雨・雪の日でも、自宅のパソコンで好きな時に利用できれば助かりますよね。

今では、ゆうちょ銀行をはじめとして、都市銀行やほとんどの地方銀行でネットバンキングを開いています。窓口の負担が軽くなるため、店舗を利用する場合より手数料が割安になっていたり、ネット支店の定期預金は一般の金利より高く設定されているのもメリットです。

ネットで手続きをするというと不安に感じるかもしれませんが、ハッキングの被害などに対しては、預金者に過失がなければ全額補償されることが、全国銀行協会で取り決められています。

また「月末に引き落としがあって、残高は大丈夫だったか」とか「期日通りに入金があったか知りたい」など、気にはなるけれど、わざわざ店舗に出向くのも大変という心配でも、すぐに確認できるのが大きな利点ですね。

②ネットスーパー――生活必需品の買い物も次第に「重労働」に

「自分の年齢」を意識し出した人に役立つのが、ネットスーパーでしょう。

このところ大手スーパーなどの参入が相次ぐネットスーパーでは、特に高齢層の利用者が大きな位置を占めています。

利用者がネットスーパーの良さとして最も評価しているのは、自宅へ配送してくれるので「重たい物や、かさ張る物を持って歩かなくてすむ」という点です。

都心でも少し郊外に行くと、高齢者用の「手押し車」に買い物袋を載せて、長時間歩いているお年寄りの姿をよく見かけます。

そろそろ足腰や膝《ひざ》の痛みが本格的に気になる世代にとって、重いビンやお米、かさばるトイレットペーパーの包《つつ》みなどを持ち帰るのは重労働なので、それが解消できるのはとてもありがたいものです。

その他にも「介護《かいご》などで家を空けられない時に助かる」「冷凍食品が低温のまま玄関まで届くのがうれしい」「事前に電子チラシを見て、必要な商品だけ選ぶので衝動《しょうどう》買いがなくなる」といった利用者の声も多いとか。

また、送料や代引《だいび》き手数料も、一定の金額を達成すれば割引や無料のサービスをしてくれるスーパーがほとんどなので、月に何度か計画的にまとめ買いをするのがお得です。

いつも車やバスで買い物に行く人には、もちろんガソリン代や交通費の節約になりますし、外出しなければ途中の自販機で飲み物を買ったり、疲れたので喫茶店で食事といった予定外の出費もなくなります。

悪天候でも体調がすぐれなくても買い物ができるネットスーパーは、慣れれば高齢者の心強い味方になってくれるでしょう。

「タイム・イズ・マネー」の言葉もありますが、毎日出かけたり、お店で長時間立って商品を選んだり、重い荷物を持ったりするなど、若い頃と比べて負担が大きくなる時間をコンパクトにすることも、立派な「老後の整理術」と言えるでしょう。

◆形式的な負担は増すばかり――老後は「人間関係の整理」が必須

老後の暮らしをすっきりシンプルに生きようと思ったら、やはり人間関係にも整理が必要になります。そして、これには「定年」という人生の節目がピッタリと言えるでしょう。

夫は仕事の接待《せったい》やお酒の付き合いから解放され、妻はお中元やお歳暮のお届けものに神経を使う必要がなくなるのが、まず嬉しいところです。

これからはやっと自由に自分の人生を楽しめるのですから、現役時代の延長線上で、無理をしてまで「気の進まない人付き合い」をすることはないのです。

年齢を経て、人間関係も「量から質への転換期」を迎えたと考えましょう。

たとえば、知り合いが入院したと聞けばお見舞いに行き、亡くなったと聞けばとりあえずは葬儀に参列する……。残念ながら自分も周りも高齢になると、加速度的にその回数が増えてきます。

しかも、これからは年金暮らしで、今までの貯金を取り崩しながら生活する中で、それらを習慣にしていたのでは節約どころでなく、経済的な負担は増すばかりです。

もちろん、とても大事な方なら、お見舞いもお弔《とむら》いも十分に差し上げればいいのですが、それほど心の交流がなかったならば、ある程度の線を引いて、弔電《ちょうでん》やお便りで失礼させて頂いても許されるのではないでしょうか。

薄情《はくじょう》だと思われるかもしれませんが、晩年《ばんねん》の域に達したら、たとえ不義理《ふぎり》でもしがらみを捨てて、自分の生きる道を「できるだけ軽やか」に整理していくのが、むしろ理にかなっているのです。

現役を引退したら「他人の評価を気にしない」勇気も必要

残りの人生、タテマエより自分の本音に従って正直に生きたいと思うのなら、「他人の評価を気にしない」という勇気も要るものです。

不祝儀《ぶしゅうぎ》だけでなく、盆暮れの挨拶や年賀《ねんが》などの贈答も、現役時代と同様に惰性《だせい》でいつまでも続けるのは感心しません。

やはり定年退職は区切りをつけるベストタイミングですから、最後の贈り物に添えて「いよいよ年金暮らしになりますので、今後はお便りでのご挨拶にてお許しください」といった手紙を送りましょう。

実はこうしたケジメは、自分のためだけではありません。状況はお互い様なので、「そろそろ贈答のやりとりはおしまいにしたい」と考えている先方のためにも役立つのです。

もし、先方が同年輩《ねんぱい》で定年を迎える年齢なら、お先に「贈答辞退」の申し出を伝えれば、相手に余計な心遣いをさせなくてすむと考えましょう。

そして、これまで義理でつながっていた人間関係を密度の濃いものだけに整理縮小して、本当に大切な人とのお付き合いに重点シフトしていけば、生活の質も自然と充実するはずです。

また友人知人関係だけでなく、親戚《しんせき》付き合いも、なるべく簡素にすませるようにしてはどうでしょうか。

たとえば、遠方での法事《ほうじ》などは、よほど自分に重要なものでない限り、丁重《ていちょう》に辞退させていただいても良いのではないでしょうか。

年齢を重ねるほど、お互いの家庭の事情や経済状態など、相手の立場に対する理解は深まります。そして、大勢が参加すれば迎える側の負担も増えますから、辞退することで、逆に相手の出費や手間が省ける場合もあるのです。

ただし、親戚の中には「義理を欠いたら人間は終わりだ」とか「それではこちらの顔が立たない」「お世話になったのに顔を出さないとは何だ？」と大義名分《たいぎめいぶん》を振りかざす人がいるかもしれません。

そういう場合は、「歳のせいか具合が悪くて、遠出《とおで》はできそうにないので」とか「血圧が高くて不整脈《ふせいみゃく》もあるから、万が一そちらで何かあったら迷惑をかけてしまう。今回は遠慮させてほしい」などと健康問題を理由にすれば、あまり文句は出ないでしょう。

それでも抵抗を受けるようなら「実はお金がなくて、交通費もままならないんです。あなたがお金を貸してくれれば行けるんだけど、いくらぐらいなら都合《つごう》がつくだろうか？」と、捨て身の作戦に出る方法もあります。

いずれにしても、これからはどの人が、自分が生涯付き合っていきたい相手なのか、どの人が形式だけのお付き合いで十分なのか、よくよく考えてみるべきなのです。

◆「一点贅沢主義」の生活スリム化――あなたの価値観の見せどころ

年齢を重ねてからの節約には、もうひとつ大事なことがあります。

それは「暮らしにメリハリをつけるのを忘れない」という点です。

「今日から、無駄遣いを絶対にしないようにしよう！」と意気込んで節約生活を始めた人によく見られるのが、「全方位型の節約パターン」です。

光熱費はもちろん、食費も衣料費も交際費もすべて一律にスケールダウンし、生活全般の質を抑えてしまうタイプですね。

生活をスリム化するのは結構なのですが、これでは「ただの貧乏生活」と変わりません。それでも、毎日が楽しくて仕方がないというのなら、それは構わないのですが、もし欲求不満やストレスが募《つの》るようなら改善が必要です。

第一、ここで目標としているのは、スッキリと整理された「心軽やかな老後の暮らし」を実践するための節約なのです。ただ不自由を耐え忍ぶような生活では意味がありません。

では、何を心がければ良いかというと、それこそが「メリハリ」なのです。

いつもは一汁二菜《いちじゅうにさい》を基本とした粗食《そしょく》の食卓でも、毎週土曜日には友人たちと好きなお酒を楽しむ会合の場に変わることもあるでしょうし、毎朝の紅茶を飲むカップだけは「英国王室御用達《ごようたし》」のブランドで雰囲気を楽しむというこだわりもあるかもしれません。

それこそ、自分が大好きなものや大事と思うものに対しては「一点贅沢《ぜいたく》主義」でお金を惜しまず、日々の暮らしに、くっきりとしたアクセントをつける方法です。

「ここだけは！」というところに重点を置けば、その他の部分にあまり配慮をしなくても心は満たされるものです。若い頃と違って、ストレス発散するにしても体力的に無理がきかない高齢者だからこそ、意識して生活にメリハリをつけることがとても大切です。このバランスさえ取れていれば、節約生活もそれほど苦になりません。

ある時、近所に住む六十歳過ぎのご夫婦が、早朝からお揃《そろ》いのトランクを手にお出かけの様子でした。

「旅行にでもお出かけですか?」と聞いたところ、「ええ。毎年二人で海外旅行に行くのが唯一の楽しみなんです。今年は前から興味のあった、ナスカの地上絵を見に行くんですよ」と、期待で胸がはちきれそうな返事でした。

いつも飾り気のないジーンズ姿でつましい暮らしぶりの夫妻が、一年に一度の旅を心から楽しみにしているのが伝わってきて、こちらまで嬉しくなるような朝でした。

「大きな目的があるから、それに向かって苦しくても頑張れる」

「とびきり満足感のあることをすれば、他で欲求不満が溜まらない」

という心の動きは、脳科学的にも非常に重要です。

やはり「メリハリをつける」ことが大事であって、目標に向かって自らのモチベーションをキープして気持ちを高揚《こうよう》させたり、達成感や幸せを実感することで脳内ホルモンを分泌《ぶんぴつ》させたり……。こうした脳の働きは「心身の若返り」だけでなく、認知症やうつ症状の予防にも大いに役立ちます。

暮らしのアクセントのために「賢く貯めて、楽しく使う」大人流の節約術は、あなたが人生で培《つちか》ってきた価値観の見せどころでもあります。

◆継続には遊び心が大切――「ウォーキング貯金」で健康と節約

お金と並んで、中高年が大きな関心を寄せるテーマといえば「健康」ですね。

そこで、この二つをマッチングさせるアイデアとして、静かなブームを呼んでいるのが「ウォーキング貯金」と呼ばれるものです。

これにはいろいろなやり方がありますが、「歩いた分だけ貯金をする」という基本は変わりません。

もともと「メタボの体型」を気にし始めた中年のサラリーマンが、出勤先の一駅手前で降りたり、帰りに自宅の一駅前で下車して歩いたりして「一駅分の乗車賃」をその都度、貯金したというのがウォーキング貯金の始まりだとか。

それが今では、駅とは関係なく歩いた距離を測って一キロメートル当たり一〇

○円とか、一時間歩いて一〇〇円とか、それぞれ自分のスタイルに応じたルールを作っては、コツコツ貯金に励《はげ》んでいるようです。

なかにはウォーキングコースの中に郵便局を組み入れ、ATMで入金するのを日課にしている人もいます。さらには毎日の歩行距離を記録し、その距離数で「日本一周」にチャレンジしているツワモノも（実際に、それを目標のテーマにした機能がついた万歩計があります）。

このように、単調になりがちな毎日のウォーキングにちょっとした「遊び心」を取り入れるだけでも楽しさが増すでしょうし、飽きずに長続きもします。しかも貯蓄につながれば、まさに一石二鳥ではないですか？

少し考えれば、こうしたアイデアはまだまだありそうです。自分に合った方法で、健康づくりと「節約」の一挙両得に挑戦してみてはいかがでしょうか。

◆上手にアメとムチを設定――「ペナルティ貯金」「つもり貯金」

「ウォーキング貯金」のように、自分が達成したことに対して貯金をするというのが一般的ですが、逆に自分を甘やかさないように「ペナルティ」としての貯金を設定する人もいます。

仕事を辞めてから体を動かす機会が減り、少し太り気味のＫさんもその一人。毎日、自分に課している運動量をクリアできなかったら一〇〇円貯金するというルールを決めてからは、自宅でもステップ運動などをして、なるべく体を鈍《にぶ》らせないようにしているそうです。

「以前は、天気が悪いからとか、気分が乗らないとかの理由で、ウォーキングを休んでいたんですが、これではいけないと思い、自分で『罰金制度』を作ったんですね。それからは雨でも室内でスクワットやステップ運動、ダンベル体操などを三十分はやることにしています。おかげで二ヵ月で体重が三キロ減りました。結果として、貯金はほとんどできませんでしたが、その代わり健康づくりがきちんとできたわけで、自分では満足しています」というのです。

貯蓄には直接つながらなかったとしても、健康を維持できれば、医療費も節約できるのですから、ペナルティ貯金も正解だったわけです。

また長年根強い人気を保っている「つもり貯金」のひとつ、「ダイエット貯金」も中高年には見逃せませんね。「大福《だいふく》を食べたつもりで一〇〇円」「デザートのケーキを食べたつもりで三〇〇円」「焼き鳥で一杯飲んだつもりで一〇〇〇円」などと積み上げていけば、貯蓄はみるみるうちに増えていくでしょう。

ただし、これは自分の欲望――食欲との闘いですから、どこかでギブアップしてしまうと、その途端にプッツンとおしまいになってしまいます。

それを防ぐには、最初から「〇月末までに〇キロ減量を達成する」という、ほどほどの具体的な目標を設定しておくのがポイントです。

そして見事目標を達成したなら、食費を抑えてたまった貯金の中からいくらか出費して自分へのごほうびもお忘れなく。

要は、上手に「アメとムチ」を設定することで、目標の達成率はきっと上がるはずです。

他に、ちょっと変わり種としては、糖尿病《とうにょう》予備軍の人がやっている「糖質《とうしつ》貯金」などもあるようです。実際の血糖《けっとう》値は検査機がなければ分かりませんが、食品に含まれる糖質はだいたい調べることができます。この場合は「決めた数値より、糖質を多く摂《と》ったら一〇〇円」というように、ペナルティ型の貯金をします。

ただし、こういった「自己規制型のルール」は、真面目に何でも一所懸命取り組むタイプには裏目《うらめ》に出る場合があります。

目的をクリアできない場合は特に、自分の意志の弱さを責めたり、ストイックになり過ぎてストレスを抱えたり、精神の安定に良くない影響を与えるケースもあります。

過度な設定をするなどあまり真剣になり過ぎず、ほどほどに取り組みましょう。

◆定年の男性は、財布のリニューアルで「現役時代」の心の整理を

女性の場合、外出用の長財布《ながざいふ》やお買い物用の二つ折り財布、普段使いの小銭入れなど、シチュエーション別にいろいろなタイプの財布を使い分けているようですね。しかし男性は、「どこに行くにも同じ財布」という人が多いようです。

もしその財布が、現役引退後も、仕事をしている時からずっと使い続けているものだとすると、ちょっと見直す必要がありそうです。

一般にサラリーマンが持つ財布といえば、革《かわ》の二つ折り財布が主流です。お札と小銭、クレジットカードや各種会員証が収められるようになっています。もし在職中と同じ財布だった場合、中身もそのまま変わっていないのでは？

暮らし自体はすっかり変わったのに、財布の中がまるで同じというのは、現在の自分に財布がフィットしていないかもしれません。

とりあえず、日頃は使わないメンバーズカード、クレジットカード、診察券、割引券、レシート、名刺、メモなどをチェックして、さっぱり現役時代の「心の整理」もしておきましょう。

こうして古い財布の中身を見直して、「今の自分にはピッタリと言えないな」と感じたら、財布自体のリニューアルをしてみてはいかがでしょうか？

近所に軽快なフットワークで出かけたいなら、カジュアルなコインケース型の財布も良いでしょうし、小粋《こいき》なマネークリップでもＯＫです。

要は「ビジネスユース」を主眼に置いた財布ではなくて、自分の個性や感性をストレートに表現できるものなら何でも良いのです。それまで仕事向きの財布しか持ったことがないなら、あえてサラリーマン時代にはあり得ないデザインを選んで、今の自由なライフスタイルを実感するのもありでしょう。

また財布といえば、よく風水《ふうすい》の開運法などを気にする人がいます。

その中でよく言われるのは、使っていないカードや古いポイントカードを処分するとか、お札の頭は向きを揃えるとか、レシートは毎日整理するなどですが、いずれも「常識の範囲内」で考えられることです。

ですから、あまり難しいことは考えず「明るい色の財布を持つと気分も明るくなる」「きちんと整理された財布は縁起《えんぎ》が良さそう」「この財布は、何だか金運が良くなりそうな気がする」といった直感を信じて、自分の気分が軽やかになる財布を選ぶのがベストでしょう。

◆現役引退後も「子どもや孫のスポンサー」になるほうがおかしい

人間誰でも、自分の子どもや孫は可愛いものです。ましてや「お祖母《ばあ》ちゃん、お祖父《じい》ちゃん、大好き！」と可愛い笑顔を見せられたら、何でもしてあげたいと思うのは人情かもしれません。

しかし、現役で働いて夫婦で十分な収入があった頃と、定年を迎えた後とでは、経済状況がまるで違います。

年々、これまでの蓄《たくわ》えも目減りするような年金暮らしでは、いつまでも「気前の良いお祖母ちゃん、お祖父ちゃん」ではいられないのではないでしょうか？

というより、むしろ現役引退後もいつまでも子どもや孫の「スポンサー役」に甘んじているほうが問題のように私には思えるのです。

これまでを思い返してみてください。お孫さんが誕生してから、ずっとお金やプレゼントをあげてきませんでしたか？　誕生日やお正月、クリスマスといった記念日以外の普通の日にも、お小遣い、おもちゃ、洋服、お菓子などをあげてきませんでしたか？

誰だって、次々とプレゼントをもらえれば嬉しいものです。しかも、特にお願いしなくても「お前はこれが欲しかったね」と、自分の好物を察してくれたり、買い物に行くとその場で何でも買ってくれたりすれば、その人が大好きになるに違いありません。

けれども、子どもや孫に惜しみなくお金や物を与えることは甘えを生み、ひいては親や祖父母に、過度に依存する生き方につながります。

やがて、それが当たり前の関係になり、「くれないほうがおかしい」という変な関係に陥ることもあるのです。

こうした甘えの構造を打破するには、試しにプレゼントを全部やめてみるか、「今度から、お誕生日以外には何も買ってあげられないけれど、分かってね」と伝えてみることです。

こうすると、一時的にお孫さんは戸惑《とまど》うかもしれません。「お祖父ちゃん、お祖母ちゃんなんて、もう嫌い！」と言うかもしれません。

でも、想像以上に子どもの適応力は高いので、意外とすぐその状況に慣れるはずです。

ただし、何の説明もなくやめると「自分はもう愛されていないのでは？」「何か悪いことをしたのだろうか？」と不安な思いを抱かせますから、しっかりと話をして、こちらの思いを伝えるようにしましょう。

この時、「子どもだから経済的な難しい話は分からないだろう」と思い込んで、話を簡単に済ませるのは感心しません。子どもといえども、こちらが真正面から向き合って真剣に話せば、案外、そうした事情や気持ちは伝わるものです。

「お祖父ちゃんもお祖母ちゃんも、もうお仕事を辞めてしまったから、自由に使えるお金がとても少なくなったの。あなたのことは、これからもずっと大好きだけど、プレゼントをあげるのは、今度からお誕生日だけにさせてね」

「いつでも好きなものを買ってあげることはできないけれど、あなたを大好きな気持ちはいつまでも変わらないからね。これからも仲良くしましょうね」

というように正直に話せば、子どもの心にもきっと思いは届きます。

ガッカリするかもしれませんが、これは、お孫さんの依存心が過剰になるのを防ぎ、自立心を「芽生《めば》えさせる」ための大事なプロセスでもあります。

◆家族のつながりが「お金や物の損得」だけにならないために

家族のつながりが「お金や物の損得」だけにならないためにも、お互いを尊重し合う「フェアな関係」は何歳になっても大事にしたいものです。

こうすると、少し距離を置いてお互いを客観的な目で見られるせいか、やがて孫のほうから、親と意見が異なる進学先や将来の志望、人間関係などについて相談が持ちかけられ、両者の関係はむしろ近しくなることもあるのです。

「今では孫というより、人生の先輩・後輩という立場で話す機会が多くなりました。孫にモノを買い与えなくなったことはショック療法でしたが、本当に良かったと思っています。もし、あのままベタベタと『あげる』『もらう』の馴《な》れ合いの関係を続けていたら、孫とこういう自立した接し方はできなかった気がします」という人は多いのです。

高齢期の経済的自立と家族関係のあり方を考えるにあたっては、重要なヒントになるかもしれません。

高齢者は置いてきぼり？——景気が良くなると「投資詐欺」が増える

最近、日本の株式市場にも明るい兆しが見え始めましたが、投資ブームが起こると、必ず同時に発生するのが「投資話をエサ」にした詐欺《さぎ》です。

警察の厳しい包囲網《もう》があっても、高齢者をターゲットにした振り込め詐欺はなかなかなくなりません。さらに、このところ急速に被害が広がっているのが、投資詐欺です。

投資詐欺で特徴的なのは、社会的に大きな影響を与えたり、マスコミで頻繁に取り上げられたテーマを「目玉商品」にしていることです。

たとえば最近被害のあった投資詐欺では、ノーベル賞を受賞した山中伸弥《しんや》教授が作り出したiPS細胞や、日本近海での産出試験が始まったばかりの海洋エネルギー資源に関したものなど、「最先端技術」を謳《うた》ったものが目立ちました。

その手口はというと、いきなり電話がかかってきて、

「このたびは選ばれた方に限り、希少《きしょう》な投資ファンドを特別にご案内いたします。私どもは山中伸弥教授が作り出したiPS細胞の培養《ばいよう》に成功した企業から依頼を受け、世界的な供給プロジェクトに投資してくださる方を募集しております。そこで、募集枠《わく》がわずか一〇口《くち》しかありませんが、元本《がんぽん》保証で非常に高リターンな配当をお約束しますので、ぜひご購入をおすすめいたします」などと勧誘

されるものです。

もちろんこれは実体のない、架空《かくう》の詐欺話なのですが、話題性のあるテーマでいかにも将来性を感じさせる内容なので、ついつい話に引き込まれて大金を騙《だま》し取られたというケースが何件かありました。

冷静に聞けば「これは変だ」「何かおかしい」と気づくはずなのですが、詐欺犯の手口はますます巧妙《こうみょう》化しています。相手の誘導に乗って、知らぬ間に被害に遭《あ》うこともあるのです。

それも「自分だけは絶対大丈夫」と普段思っているような人に限って、騙されやすいのです。また慎重な人ほど、自分が一度「これは大丈夫」と確信したら考えを曲げないなんてこともありますので、お年寄りだけでなく、どんな人でも油断は禁物でしょう。

では、どうしたら詐欺被害を防げるかというと、相手の話を聞かない、相手の申し出は拒否する、しつこく連絡してきたら遠慮なく電話を切る、というのが基本です。

最初に電話がかかってきた時は、話が分からないので仕方がないとしても、相手が「投資顧問会社の○○です」「○○ファンドのご紹介をさせていただきます」と投資に関する話をしたら、「興味がないので失礼します」「要りませんから切ります」と、そのまま電話を切ってしまいましょう。

丁寧なお年寄りの方ですと、つい、断るにしても相手に納得して切ってもらおうと、ズルズル話を聞いてしまいがちですが、相手は執拗《しつよう》にこちらを騙そうとしているのですから、キリがありません。

もし、もう一度同じ会社から電話があっても、何も言わずに電話を切りましょう。なかには詐欺犯がバトンタッチして、「先ほどは部下が失礼しました。私は部長の○○と申します」などと、再び別人がかけてくる場合もありますが、その時も何も話を聞いたりせず、無言で電話を切るのが一番です。

ここでもうひとつ気をつけなければいけないのは、「お宅はどのあたりですか?　ちょっと場所を教えて頂けませんか?」「ご住所はどちらになりますか?」「○○高校のすぐ側ですか?」というように、個人情報を同時に聞き出そうとする質問には絶対に答えないことです。

相手は犯罪のプロですから、あの手この手で、こちらを騙そうとしてきます。

とにかく相手にしないで無視するに限ります。

現役を引退した後に、世の中の景気が多少なりとも上向き加減になると、年金暮らしの自分たちは、何か置いてきぼりにされて損なのではないかと、くやしい気がするかもしれませんが、投資詐欺はそうした高齢者の抱える不満や欲の心理も巧妙に狙ってきます。

若い人はたとえ失敗してもやり直すための長い時間がありますが、高齢者にはそれがありません。まずは「君子《くんし》危うきに近寄らず」をモットーに、大切な「虎《とら》の子」を奪われないよう十分に注意してください。

第4章

健康的に「食べる喜び」いつまでも

――「身も心も軽快」な食生活のコツ

「腹八分に医者要らず」——食事制限と健康の研究が世界中で進む

「年を取ると、すっかり食が細くなってしまって、もう一度にたくさんは食べられないわ……」

「若い頃は焼肉やステーキをお腹一杯食べたものだけど、今では、こってりしたものより、サッパリしたものが良いよね」

中高年になるとこんな会話がよく聞かれますが、これはいわゆる自然の摂理《せつり》です。歳とともに基礎的なエネルギー消費量も減り、多くのカロリーを必要としなくなるので、食事の量が減るのは理にかなっているのですね。

むしろ心配なのは、年を取っても一向に食欲が衰えず、肥満《ひまん》傾向のため糖尿病や高脂血症《こうしけつ》などのリスクを抱えた人たちでしょう。

ただ、食欲旺盛《おうせい》で美味《おい》しそうに食事する人は、いかにも健康そうに見えるのか、「食欲は健康のバロメーター。人間、美味しく食べられるうちが花だよ」とか、「無理して食べるのを我慢するとストレスが溜まって、かえって体に悪い」

などと、食いしん坊《ぼう》に味方するような風潮があるのも事実です。

　でもやっぱり、消費しきれないカロリーを溜め込んで内臓肥満を加速させたり、弱ってきた消化器官に過度な負担をかけたりするのは、決して健康的とは言えません。

　江戸時代の儒《じゅ》学者・貝原益軒《かいばらえきけん》が書いた『養生訓《ようじょうくん》』には「腹八分《はちぶ》に医者要《い》らず」という教えがあります。この考え方は世界共通のようで、英語にも「軽めの食事は長寿につながる」ということわざがあります。

　もともとは、食べ過ぎないことで贅肉《ぜいにく》をつけず、身も心も軽くしている人は長生きをするというものですが、それに基づいて「腹八分が健康に良い」という教訓が生まれたのでしょう。

　日本人が肥満に悩むようになったのは、ここ半世紀ほどのことです。長寿と飽《ほう》食《しょく》の時代を同時に迎えた現代では、「腹八分」という食習慣が健康に対してますます重要な意味を持つようになってきました。

　また、経験則としての腹八分だけではなく、科学的な検証も進んでいます。動物による実験では、二〇％のカロリー制限によって体脂肪、血圧、血糖値、中性脂肪値などが大きく改善されたというデータがあります。

さらに食べ放題にさせたマウスよりも、食事の量を八〇％に制限したマウスのほうが、平均寿命が長いということも分かりました。

カロリー制限と健康との関係は、「遺伝子レベル」での研究にもつながっています。寿命や老化をコントロールする遺伝子には、摂取カロリーと関係するものが少なくないことから、世界各国で「食事制限と健康」についての研究が盛んに進められているのです。

◆老後の生活をスリムにするには「身も心も軽快」でいるのが大切

それでは、いったいどのくらいの食事が「自分にとっての腹八分」なのでしょうか。それがよく分からないという人は、まず自分の標準《ひょうじゅん》体重と必要な摂取カロリーを「ＢＭＩ法」で求めてみてください。

ＢＭＩとは、身長からみた標準体重を示す体格指数で、その計算式は、

BMI＝体重（kg）÷（身長〈m〉×身長〈m〉）

となります。ここで出た値が22なら「理想の体重」ということです。

BMI値の判定基準は一般に18・5未満で「やせ」、18・5以上25未満で「標準」、25以上30未満で「肥満」、30以上で「高度肥満」と判定されます。もし22の標準値を上回っているようなら、少し摂取エネルギーを少なくしたほうが良いかもしれません。

ただし「腹八分」というのは、あくまでも自分の感覚で考えるものですから、個人差があります。日頃から食欲旺盛《おうせい》な大食漢《たいしょくかん》と、胃弱《いじゃく》で食の細い人とでは、腹八分といっても、実際の食事の量には大きな違いがあるはずです。

そこで、食事量の目安になるのが一日の必要摂取カロリーです。

六十歳の男性で軽労働の場合は約一八〇〇キロカロリー、六十歳の女性の場合は一六〇〇キロカロリー程度が標準になっており、この数値の八〇％に当たる一四四〇キロカロリーが男性、一二八〇キロカロリーが女性の、おおまかな「腹八分」の摂取カロリーということになります。

少し厳しい数字のようにも見えますが、現役で在職中は通勤や仕事でかなりのエネルギーを使っていました。それに対して退職後は家事と散歩程度の運動しかしていなかったとしたら、やはり摂取カロリーは控《ひか》える必要があるでしょう。

すると今度は「カロリーを減らすだけなら、毎食お茶漬《ちゃづ》けやおにぎりだけ、サラダや果物《くだもの》だけといった『低カロリーダイエット』が簡単だ」と極端に考えてしまう人がいるのですが、それでは健康に害を与える結果になって逆効果です。

腹八分の食習慣は一時的に行なうものではなく、長く続けることに意味があるものなので、初めから長期的なスタンスで取り組むようにしましょう。

栄養バランスを整《ととの》えながらの腹八分を実践するなら、「糖尿病食のレシピ」を取り入れるのもアイデアです。

老後の生活をスリムにするためには、まず身も心もスリムで軽快でいることが重要です。そのためにも、腹八分の食生活を試してみてはいかがでしょうか。

◆台所の見直し——毎日の食習慣は「調理器具」に縛られる?

「ついつい料理を作りすぎてしまって、いつも残り物が多いの」

「料理が残ると捨てるのがもったいなくて、結局、食べ過ぎてしまう……」

毎日の家事で、もうすっかり熟練の域《いき》に達した年配の主婦でも、こんな悩みを持っている人は多く、「食のスリム化」もすんなりとはいかないようです。

そこで、食材をお得だからといって大量にまとめ買いしないようにしたり、小分けに保存して少しずつ使うようにしたりと、知恵を絞《しぼ》っているようですが、この際、長年続けてきた「台所の習慣」をしっかり見直さないと、食のスリム化は難しいでしょう。

もう夫婦二人で暮らしているのに、子どもたちが育ち盛りの頃の食生活が今も記憶に残っていて、「どうしても炒《いた》め物や煮物《にもの》の分量が多くなりがち」という話も聞きます。

確かに同じものを調理するにも、ちょっぴりより大量に作ったほうが美味しいのは事実ですし、大盛りのお皿がたくさん並ぶ食卓は幸せな家庭の象徴のようで、その雰囲気をなるべく変えたくないと思っても不思議ではありません。

ただ、夫婦二人や一人暮らしになった食事で、いつまでも過去の食習慣を続けていると、やはり余り物や無駄が出て、身体にも環境にもエコロジーな生活とはとても言えません。

そこでおすすめしたいのが、調理器具自体をワンサイズ小さなものに思い切って変えてしまうことです。

長年愛用した鍋やフライパンに思い入れがあるのは分かりますが、たとえば小さなフライパンに換えれば、炒め物なども自然に（物理的に）量を減らすことができ、小鍋で煮物を人数分だけ作れば、一度に食べ切ることができます。

鍋が大きいままだと、つい「多めに料理を作って、後で何度かに分けて食べるほうが省エネ・効率的」と発想しがちです。

しかし実際には、時間が経てば風味《ふうみ》は損なわれますし、だんだん同じ料理に飽きてきて、最後は無理やり我慢して食べるか、結局、捨てる羽目《はめ》にもなってしまうのです。

年を重ねて食が細くなったら、なおさら一回ずつ人数分の料理を作る習慣に切り替えたほうが、できたての美味しさを味わえます。

毎日の食習慣が、実は使っている台所の調理器具で、無意識に縛《しば》られているということはよくあります。

サイズや容量、使い勝手などについて、どれが自分たちの老後の暮らしに一番フィットするかを見直し、新しく選んでみると良いでしょう。

◆栄養過多の時代――「一日三度の食事」がベストとは限らない

今では「朝、昼、晩」と一日三度の食事をすることが規則正しい生活の基本と思われていますが、実は日本で三度の食事が当たり前になったのは江戸時代以降で、それまでは「一日二食」が一般的でした。

平安時代の食習慣は普通、朝飯と夕飯の一日二食だったことが清少納言《せいしょうなごん》の書いた『枕草子《まくらのそうし》』にも記されていますが、この時代の終わり頃には中国の影響を受けて、一部の貴族や高僧《こうそう》の間で一日三食の食事が流行《はや》ったようです。

それが庶民《しょみん》の間でも広がり、一日三食が一般化したのは江戸時代のこと。この背景には、ロウソクが普及して夜起きている時間が長くなり、一日三食の習慣が広まったのではないかと言われています。

これは西洋でも同様で、一日三食が定着したのは一八〇〇年以降で、それほど古い習慣ではないのです。

もちろん一日三食になったおかげで日本人の体格は向上し、労働力の強化にもつながったのですから、その功績は十分にあったでしょう。しかし、一日三食は絶対の定められたルールではないのです。

これから、体をつくっていこうとする「若い育ち盛りの年代」にとっては、一日三食は大きな意味があるでしょう。

しかし、老後の域に入ってエネルギー消費量もぐんと低くなった世代の場合は、他の選択肢があっても良いのではないでしょうか。

現役世代でも、朝はどうにも食欲が出ないという人もいますし、自分には一日二食のほうが合っていると感じている人も少なくないと思います。

今の日本では、たとえ一日二食でも、栄養失調に陥るようなことはまず考えられませんから、自分自身の判断で、食事の回数やスタイルを決めても特に問題はないでしょう。

たとえば禅《ぜん》宗のお寺の中には、今でも「修行僧の食事は一日二食」と定められているところがありますが、厳しい修行を続けるお坊さんたちの印象は、極めて健康なものに見えます。

栄養過多の飽食の時代にあって、かえって朝食抜きの生活や、一日一食・二食という食事をすすめる研究者も多く、そのほとんどが自ら食事回数の少ない食生活を実践しています。

昔から「風邪の時は食事を抜いて、お腹を干《ほ》したほうが早く治る」といった言い伝えにも慣れてきた日本人にとって、こうした考え方は意外とすんなり受け入れられるものかもしれません。

いずれにしても、過剰な栄養摂取がマイナスになる中高年の世代では、世間の決まりきった食事のルールに縛られず、自分の体調に合った食習慣を実行していけば良いのではないでしょうか。

「朝食を完全に抜くのは抵抗がある」という人は、朝は野菜や果実《かじつ》のジュースだけを摂《と》るという方法もあります。

ただし朝食を抜く場合は、一日の水分の摂取量も減ってしまいがちなので、努めて水分を摂るように注意してください。

「人生で食事を楽しむのはあと何回？」――老後こそ量より質の食べ方を

男性の同窓会で昔の仲間が集まると、必ず飛び出すのが「若い頃はラグビー部だったから、そりゃあよく食べたものさ。皆で『食べ放題』の店に行くと、大抵は店の人に嫌な顔をされたな」という若い頃の「大食い自慢」です。

たまには健啖《けんたん》だった昔を懐かしむのも良いのですが、今まで述べてきたように年を取れば、食に対する考え方にも方向転換が必要になってきます。

その方向転換の一番のポイントは、「量より質」への意識的な切り替えです。

若い頃は、とにかくボリュームたっぷりで食べ応えのあるメニューに魅力を感じていた人も、年齢を重ねるとともに、だんだん味や食材のクオリティに関心が移っていくのが一般的です。

そうなると、安くて量があるものより、本当に美味しいもの、味わい豊かなものを食べたいと思うようになるのです。

「人生の中でふと、あと何回食事を楽しめるのだろうと考えたら、一回一回の食事をいい加減に済ませてはもったいないと思えたんです。それで、これまで以上に食事には気を遣うようになりました」

こう話すFさんは、料理を「老後の趣味」として選び、週に一度の料理教室で和食を学んで、家でも蕎麦《そば》を打つほどの腕前になったそうです。

会社に勤めていた頃は、料理は奥様に任せっきりで、台所にも入らなかったのですが、同じく老後の趣味として始めた釣《つ》りで魚を持ち帰っても、自分でさばけないのはどうかと思い、料理を習い始めました。

そうすると、今度は釣りより料理のほうが楽しくなって、今では奥様と料理の腕を競い合うほどになったといいます。

「基本的には質素な献立《こんだて》なんですが、一品だけは『こだわりのある食材』を取り入れて、満足感のあるメニューにしているつもりです。他にはこれといった贅沢はしていませんが、月に一度、妻とちょっと良い店に外食に出かけるのが一番の楽しみです」

会社員時代とはまったく違う楽しみができて、充実した生活を満喫《まんきつ》しているFさんと同様、奥さんも食には強いこだわりを持っています。しかし、その関心は

Ｆさんとは別の方向に向かっているようです。

「私も美味しいものには目がないのですが、それ以前に『食の安全』を考えてしまうのです。最近は、輸入食品の危険性も話題になっているので、食品を購入する際は、老眼鏡《ろうがんきょう》持参で、じっくり調べてから買うようにしています」

このように、夫婦とはいえ、食へのこだわりは人それぞれです。いずれにせよ高齢になると、食事は心身の健康を左右する重要なファクターですから、決しておろそかにできないことは確かです。

また、毎日の食事を作るのを「面倒くさい」と感じるか、今度は何にしようか「楽しみ」と思うかでは、単調になりがちな老後の生活では大違いです。

質素でシンプルにまとめた献立の中に、ひとつ旬《しゅん》のものを取り入れたり、ご当地の産物《さんぶつ》や手作りのデザートを加えたりするなど、こだわりのあるアクセントを持ってくることで、クオリティの高い食卓を演出できるでしょう。

◆医者にかかる前のセルフコントロール——食べ過ぎを防ぐコツ

ある程度の年齢になったら「食べ過ぎが禁物」なのは誰でも知っていることですが、それでも食欲や美味しいものの誘惑には勝てず、体重が増え気味という人も多いでしょう。

もちろん、糖尿病のリスクがある肥満傾向の人や、医師から内臓脂肪型肥満が指摘されたメタボ体型の人なら、言いわけ無用でダイエットに専念しなければなりませんが、ちょっと気をつければ肥満は免れるという中間層の人は、何とかセルフコントロールで健康体重を維持しましょう。

そこで現役世代、定年後を問わず、食べ過ぎを防ぐための日常生活のヒントをいくつか紹介します。

①見える場所にお菓子や果実を置かない——食欲は「視覚」に刺激される

食欲は「視覚」によって刺激されるものですから、目につくところにお菓子や果実などを置かないようにするのは鉄則です。

昭和の世代ですと、食卓やこたつの上に蜜柑《みかん》やお菓子の籠《かご》が置かれていた家庭も多かったと思いますが、目につくとやっぱり食べてしまうものです。どうしても甘いものが欲しい時は、食後に小さいケーキや和菓子をゆっくりいただくのがおすすめです。

②ダラダラ食べるのをやめる――「ながら食《ぐ》い」は記憶に残らない

食べ過ぎの大きな原因のひとつは、「ダラダラ食べる」癖《くせ》が抜けないことです。口寂《くちさみ》しくてお菓子を食べたり、小腹《こばら》が空いておにぎりを食べたりするのを防ぐためには、決まった時間に、決まった場所でいつも食べるように習慣づけることが何よりです。

特にリビングでテレビの番組を見ながら、食べている実感や味もあまり分からないのに惰性《だせい》でおやつをつまむのはタブーです。何かを食べる時は、必ず食卓で「いただきます」を言ってからにしましょう。

③ゆっくり時間をかけて食べる――「満腹」を感じるには時間がかかる

お腹が空いている時は、どうしても「早食い」になりがちです。しかし人間が「満腹《まんぷく》」と感じるまでには少し時間がかかるので、なるべくゆっくり食べるのが食欲全体をコントロールする大切なカギになります。

まず、食べ物を口に入れたら「しっかり噛《か》む」のが一番ですが、その間は箸《はし》から手を離すようにします。食事中にいちいち箸を置くのは面倒と思うかもしれませんが、その面倒さが食欲を抑えるのにも効果的です。

また、衝動《しょうどう》的に何か食べたくなったら、「とりあえず五分間待つ！」と自分に言い聞かせて我慢してみるのも良いでしょう。時間をおいただけでも、ストレスなどの心理的な食欲が抑えられて、結局食べずに済むこともよくあるのです。

④食物繊維の多いものから食べる——生野菜のサラダ、具だくさんの味噌汁

最近では「食べる順番ダイエット」が話題となり、食事の初めに野菜を食べるようにする人も増えてきました。

これは、食べ過ぎ防止にとても効果のある方法です。野菜で先に満腹感を得るのと同時に、野菜に含まれる食物繊維《せんい》が血糖値の上昇と、脂質の吸収を抑える働きをしてくれるためです。

生野菜のサラダを食前に食べるのが一番やりやすい方法ですが、和食の場合は

コンニャクや根菜《こんさい》の煮物など、食物繊維の多いものを最初に食べると良いでしょう。あるいは、具だくさんのスープや味噌汁を前菜《ぜんさい》にするなど、日によって変化をつけるのも良いアイデアです。

⑤食生活の家計簿――「レコーディングダイエット」で体重を管理する

体重とともに、毎日の食生活（食べたもの、時間、場所、その時の気持ちなど）を記録していくのが「レコーディングダイエット」です。いわば家計簿をつけるのと同じような感覚ですね。

体重や生活の変化を敏感に感じとることで、ダイエットに向き合う姿勢をキープできるのが良いところで、地道なウエイトコントロールができます。さらに、「後で記録に書かなきゃ（面倒くさい、恥ずかしい）」と思ったら、食欲のほうが抑えられる心理的な働きも期待できます。

食べ過ぎを防ぎ、息の長い体重管理をするなら、お金もかからず、あくまで「マイペース」でダイエットに取り組めるこの方法が良いでしょう。

◆栄養を摂るより体外に「余分なもの」を出すほうが難しい時代

有り余るほど食品が流通している現代では、栄養を摂るのは実に簡単ですが、逆に、体の中の「余計なものを排泄《はいせつ》する」のはなかなか難しくなっています。

最近では、体から老廃物《ろうはいぶつ》や毒素《どくそ》を外に出すことを「デトックス」と呼んで、そのための健康効果のある食品を使ったり、温泉浴《よく》をしたり、あるいは短期の断食《だんじき》を実行したりして、「体のクリーニング」をする人が多くなっています。

大気汚染やタバコの副流煙《ふくりゅうえん》、さまざまな化学物質や残留農薬など、私たちが普通に生活していても毒素は体内に入ってくるのですが、それが溜まると、やがて健康に悪影響を及ぼすようになります。

また、毎日の食事から食品添加《てんか》物や保存料などを完全に排除するのは、現実的にほぼ不可能ですから、せめて入ってきた毒素をなるべく早く体外に出してしまおうというのが、デトックスの考え方なのです。

では、どうやって体から余分な成分を排出させるかというと、一番身近なのはやはり食生活を改善することでしょう。

とりわけ有効なのが、前項でも触れた食物繊維です。

不溶《ふよう》性と水溶《すいよう》性の二種類があるうち、水溶性の食物繊維はネバネバしたゼリー状で、体内の毒素をからめ取って排出してくれます。水溶性の食物繊維を多く含む食品には、コンニャクや海草、蓮根《れんこん》、ごぼう、オクラ、トマト、モロヘイヤ、玄米《げんまい》などがあり、これらの食品は日頃から積極的に摂りたいものです。

一方、不溶性の食物繊維には腸《ちょう》の働きを活発にして、毎日のお通《つう》じを良くする働きがあります。

また食事の改善だけでなく、運動や入浴もデトックスには役立ちます。ウォーキングなどの有酸素《ゆうさんそ》運動をすると全身の血行が良くなり、老廃物や毒素の排出も促《うなが》されるので、毎日少しでも体を動かすようにしましょう。

さらに、ゆっくりぬるいお風呂につかるか、半身浴《はんしんよく》で体を芯《しん》から温めて、たくさんの汗をかくことも、日常で簡単にできるデトックスです。

年配の人は、湯船《ゆぶね》につかる入浴を習慣としてきたのですが、近年は住宅環境の変化などから、夏を中心にシャワーで済ませる人も増えているそうです。しかし湯船につかる入浴は、低体温や冷え性《ひしょう》の改善にも有効ですから、せめて一日おきにでもしっかり入浴して、お風呂で汗をたっぷりかきましょう。

ただし、このような発汗《はっかん》が目的の入浴の前後には、必ず十分な水分を摂ることを忘れないでください。

この他にも、朝食と昼食を抜いた「プチ断食」など、内臓を休ませて体調を整えるタイプのデトックスもありますから、自分に合った方法をいろいろ見つけてみてはどうでしょうか？

◆健康づくりのための「粗食生活の充実」こそ現代の贅沢

健康的な食事を考える時、脂肪や糖分、塩分などが非常に多いのが現代食だとすると、目指すのはその反対の「粗食《そしょく》」ということになります。

ただし、注意してほしいのは、ここでいう粗食とは「粗末《そまつ》な食事」ではないということです。

粗食と聞いて多くの人が思い浮かべるのは、玄米のどんぶり飯《めし》に漬物《つけもの》と小魚、味噌汁だけのような「貧しい食卓」ではないでしょうか。

確かに、昔のテレビ小説「おしん」の時代なら、そうした食事が多かったでしょうが、コンセプトが「健康づくりのための粗食」であるなら、そこには貧しさというより、伝統食ならではの知恵や工夫が求められるはずです。

粗食という言葉のニュアンスが誤解を招くなら、「伝統食」や「郷土《きようど》食」などと言い換えても良いでしょう。

「『地産地消《ちさんちしよう》』で地元の食材を使った料理」「食品添加物などを含まない手作りの料理」「地域に伝承されてきた調理法で作られた料理」「脂肪や塩分、糖分などを控えた健康に良い料理」であることが、広義での「現代版」粗食の条件です。

こうして条件を並べてみると、今の便利さ・効率優先の食事より、こうした粗食のほうがずっと食べるのが難しいかもしれませんね。

かねてより先進国では肉や油の摂取量が増え、肥満や生活習慣病が増える傾向にあることから、シンプルで自然な食生活が見直されています。

それが世界的なスローフードの普及や、「ロハス」（健康で持続可能な生活スタイル）な暮らし方の拡大につながったのですが、その日本オリジナル版が「粗食」というスタイルだとも言えます。

たとえばコーカサス地方のヨーグルトや、イタリアのオリーブオイルなどを代表とするヘルシーな郷土食は世界的に有名ですが、日本の伝統食といえば、ごはんを主食として、お味噌汁や漬物に、季節の野菜、魚介類や大豆製品、海藻、芋《いも》やきのこなどを多彩に組み合わせた食事でしょう。全体に、動物性の油分が少なく食物繊維が多い、低カロリーが特徴です。

つまり、これは糖尿病や高脂血症などの生活習慣病の改善に応じたメニューとほぼ同じ特徴を持っているわけですから、健康的な「日本の粗食文化の良さ」が改めて世界に認められるのも分かるというものです。

私たちの周りには、このように「健康に良い」と言われる食品がいくらでもあるのです。さらに、日本人の遺伝子に刻まれた伝統の味には、どこかホッとするような懐かしさを感じるものです。

前述の江戸時代の本草《ほんぞう》学者・貝原益軒は、著書『養生訓』で、過食を戒《いまし》め粗食を尊《とうと》ぶ「粗食長寿説」を説いていました。

ごはんを主食に一汁三菜という伝統的な献立にすることで、肥満や生活習慣病などのリスクを遠ざけ、健康を維持できるのなら、粗食生活を続けられる環境こそ、現代人にとっては贅沢なことなのかもしれません。

食卓のアレンジ――老後こそ気分の弾む「食の演出」を楽しみたい

目で見て、舌で味わう……。日本食の楽しみ方は実に奥深く、四季折々の趣《おもむき》を食器や食卓のしつらえで感じさせる日本の食文化は、世界に誇れるものです。

便利さ、効率が優先だった現役時代から離れたのですから、老後の日常生活の食卓にも、ぜひそのエッセンスを取り入れてみたいものです。

何もそれほど大げさなことでなくても、テーブルに一輪《いちりん》の花を飾ったり、夏なら食卓を涼しげに、冬なら温かく演出することで、食事の味わいさえ違ってくるから不思議です。

また、常に洗練された「美しい演出」が最適なのではなく、たとえば子どもや孫が遊びに来ての、バーベキューパーティなどでは手づかみで食べられるような野趣《やしゅ》あふれる演出がふさわしいでしょう。またエスニック料理を楽しむのなら、食材の葉っぱを食器代わりにしても素敵ですね。

要は、料理の持ち味とその場の雰囲気をいかに調和させるかが、演出の腕の見せどころと言えるのではないでしょうか。

ところが、新婚時代や公私の来客をたくさん迎えていた現役時代は、さまざまな食卓の演出でおもてなしをしていたのに、お客様が減ってもてなす機会が少なくなると同時に、ダイニングの印象がシンプルを通り越して「寂《さび》しげ」になってしまう人が少なくありません。

年を取って身の回りを整理するのは良いことなのですが、日常のちょっとした彩《いろど》りを楽しんだり、自分らしく「暮らしを演出する」ことまで省《はぶ》いてしまうと、せっかくの残りの人生が潤《うるお》いのないものになってしまいます。

第１章の最後でも強調したように、老後の整理術は「何もかも捨てるのが良い」とは限らないのです。毎日の暮らしのゆとりを忘れないためにも、むしろ老後こそ気分の弾《はず》む「食の演出」を楽しみたいものです。

そこで、お金をかけずに簡単にできて、ちょっとお洒落な雰囲気を作り出せる食卓のアレンジ術がいくつかあります。

まず、ランチョンマット（食事の際に、テーブルでお皿の下に敷《し》く一人用の小さな敷物）や箸置き、オリジナルの箸袋《ぶくろ》、ナプキンなど、手作りのキッチングッズで食卓を明るく飾る方法です。

たとえば、パスタを盛《も》った皿の下にひとまわり大きな白皿を置き、その下に赤、白、緑の「イタリアンカラー」のランチョンマットを敷けば、まるで小粋なリストランテで食事をしているような雰囲気が味わえます。

このやり方なら、ランチョンマットの色柄《がら》を変えるだけで、エスニック風にもヨーロピアン風にもイメージを変化させられるので、とても便利です。またランチョンマットの代わりに、漆塗《うるしぬ》りのお盆《ぼん》や竹のスノコを敷けば、日本風の落ち着いた感じになります。

さらに日本的な演出では、和風旅館の夕食を参考にして、小鉢《こばち》をたくさん並べたり、平皿《ひらざら》に絵画的な盛り付けをするのも素敵ですね。

◆食べる楽しみ、喜びをいつまでも満喫できる「心の贅沢」を

老後の食生活をセンス良く、上質に演出していると評判の女性がいます。そのコーディネートの秘訣は、「良い食器を惜しまず出して使う」ことだとか。

彼女は、若い頃から大事に集めてきた趣味の茶器《ちゃき》などを、退職を機に、すべて普段の生活で使うようにしました。

高価な茶器、思い入れのある一品を茶碗《ちゃわん》として実際に用いたり、他にも煮物を盛り付けたりして日常的に使うと、ただ大切に眺めていた時よりも、ずっと心が豊かになったそうです。

また、手の込んだテーブルセッティングをすれば、当然のことながら洗う食器の数も増えますし、準備や片付けに手間もかかります。

そのため一見、「老後の整理術」とは相反するように見えるかもしれませんが、すべてを効率優先でひとまとめに整理するやり方では、暮らしはとても味気《あじけ》なくなるのも事実です。

一番の目的は、老後の生活を心軽やかにすることで、そのためには省くものは省き、楽しむものにはとことん凝《こ》るといった「メリハリ」が何より大切なのです。

「食べること」は、人生の非常に大きな部分を占めています。

老後の楽しさを半減させないためにも、食べる楽しみ、喜びをいつまでも満喫できるよう、ちょっとした「心の贅沢」は持ち続けるようにしたいですね。

◆他者への感謝とつながり──「いただきます」「ごちそうさま」

外国の方が日本人の食事風景を見て、まず驚くのは、食事の前後に大きな声で「いただきます」や「ごちそうさま」と挨拶をすることだそうです。

他の国でも、食事の前に神に祈《いの》りを捧《ささ》げるのは一般的なのですが、直接信仰している神に対してではなく、食事を作ってくれた家族や食物の生産者、あるいは食材そのものに向けて「いただきます」と言うのは、不思議に映《うつ》るようです。

さらに、食べ終わってからも「ごちそうさま」と感謝を唱《とな》えるのは、世界でもかなり珍しい習慣のようです。

しかし、自分の子どもには口うるさく「いただきます」「ごちそうさま」の挨拶の大切さを教えていたのに、年を重ねるうち、いつしか自分が忘れてしまう人もいるようで、それは特に一人暮らしになった場合に目立ちます。

確かに、話しかける相手もいないのに「いただきます」と声を出すのは気恥《きは》ずかしいかもしれません。ですが、私はむしろ一人だからこそ、「いただきます」「ごちそうさま」をきちんと口にしたほうが良いと思います。

私たちが食べ物を食べるのは、自分が生きるために、他の生き物の命をいただくことを意味します。その感謝を「いただきます」「ごちそうさま」という言葉にするのは、人間としての謙虚《けんきょ》さの表れと言えるのではないでしょうか？

もし一人きりの食卓で、誰にも感謝をせず、誰ともつながりを感じず、言葉もなく黙々《もくもく》と食事をしていたら、それこそ寂しい光景に映ってしまいます。

たとえ周りに誰もいなくても、しっかりと声を出して、目の前の糧《かて》をいただけることに感謝を表せば、気持ちはぐんと前向きになると思います。

◆昔の大型冷蔵庫——中身が「ゴミ置き場」になっていませんか？

電化製品の中で、冷蔵庫ほど身近で便利なものはないでしょう。それだけに、何でも頼り過ぎている弊害《へいがい》も見えてきます。

低温で乾燥した冷蔵庫内の環境は、食品の劣化を防ぐため、一時的に保管するのに最適です。そのため「とりあえず冷蔵庫に入れておこう」と、いろいろな食品が持ち込まれるようになります。

その結果、冷蔵庫内で行方不明になるものや、入れた本人も存在を忘れて冬眠状態でずっと居続けるものなど、冷蔵庫が持つ「役割」を超えて食品が存続することになります。

そして数ヵ月後、消費期限の切れた食べ物や、乾燥して枯《か》れてしまったような野菜、果物などが発見されたりするわけです。

発見される食品で多いのは、水分の抜けた瓶《びん》入りのジャム、弁当や寿司などについてくる袋入りの調味料、賞味期限の切れたお菓子、焼き海苔《のり》などの乾物《かんぶつ》、パン粉《こ》やカレーのルーなど。なかには使いかけの化粧水や電池、目薬など、食品ではないものまで長期間保管されていることがあります。

しかし、これらをそのまま放置しておけば、冷蔵庫がただの「物置」、ひいては「ゴミ置き場」になるだけです。

同じ冷蔵庫を十年以上長く使い続ける人も多いと思いますが、自然と「使われないもの」がどんどん溜まり、スペースを占領していくはず――。とくに家族が多かった時に買った大型冷蔵庫がまだ現役の場合は、この傾向が特に強いのではないでしょうか？

何でも「とりあえずは冷蔵庫に」という考えは改めて、ちゃんと必要なものを選んで保存するよう、中身を一度整理してみましょう。

◆食が細くなったからこそ、栄養価の高い「旬の食べ物」を

今では真冬にトマトのサラダを食べることもできれば、夏に蓮根のきんぴらを食べることもできます。今の若い人たちはあまり意識しないかもしれませんが、本当の「旬」は、それぞれ正反対の季節なのです。

ほとんどの野菜が一年を通じて手に入るのは、調理する側からすれば便利で、とてもありがたいことかもしれません。

しかし、「栄養価《か》」については季節によってかなりの差があり、一番栄養を含

んでいるのが出荷量の断然多い旬の時期であるのは、言うまでもないことです。野菜や魚の旬というのは、一年で最も多く収穫できる時期であると同時に最も味が良く、栄養的にも一番充実した時期に当たります。

冬が旬のホウレン草は、低温の中で冬の太陽光を浴《あ》びて育ち、栄養分をじっくりと蓄《たくわ》えています。そのため、旬のホウレン草と季節外れのホウレン草の栄養価を比べてみると、大きな違いがあるのです。

ホウレン草のビタミンC含有量《がんゆう》は、冬採《ど》りが約六〇ミリグラムなのに対して、夏採りは約二〇ミリグラムと、旬ではおよそ三倍もの栄養素を含んでいます。つまり、旬の野菜は安くて美味しいだけではなく、栄養価も高いわけです。

トマトの場合、旬の七月にはビタミンCを一八ミリグラムも含んでいるのに、一月には九ミリグラムと半分に減ってしまいます。

年を重ねると、だんだん食が細って一回の食事で口にする量も減ってきます。せっかくの野菜の栄養を最大限に摂取するためにも、それぞれの旬の時期を整理して覚え、逃さないようにしたいですね。

野菜ごとの旬の季節は、次のようなものです。

■春の野菜

春キャベツ、にら、にんにく、レタス、たけのこ、アスパラガス、山菜

■夏の野菜

トマト、とうもろこし、なす、きゅうり、枝豆《えだまめ》、じゃがいも、みょうが

■秋の野菜

サツマイモ、カボチャ、にんじん、玉ねぎ、なす、まいたけ

■冬の野菜

ホウレン草、大根、小松菜《こまつな》、白菜、ねぎ、蓮根、ごぼう

ただし、旬の野菜の栄養と美味しさを活かしきるには、何より「採れたて」の新鮮なものを食べることが大切でしょう。

収穫後の栄養価の変化を見ると、ホウレン草のビタミンCは収穫後三日でおよそ七〇％に減り、一週間後には約半分にまで減ってしまいます。買ったら冷蔵庫などに放置せず、なるべく早く食べるように心がけましょう。

◆定年後の「朝食」は夫婦の大問題――「モーニング」も活用

毎日電車で通勤していた頃は時間の節約のため、トーストと目玉焼き、サラダにコーヒーというメニューを飽きずに何十年も続けてきたTさん。

定年後はせっかくだから、炊《た》きたてのご飯に塩サケ、卵焼《たまご》き、漬物、味噌汁といった典型的「和朝食」を楽しみにしていたそうですが、この申し出は奥さんから却下されてしまいました。

なぜなら、朝からそんな手の込んだものは作りたくないし、経済的とも思えない。どうしても和食が食べたいなら、自分で作ればいいという理由からでした。

がっかりしたTさんが、お隣《となり》のご主人に愚痴《ぐち》をこぼしたところ、返ってきたのは「なんだ。そんなことなら、ファミレスの『モーニング』に行けば良いさ。実は私も週に二、三回は通っているんだよ」という答えでした。

さっそく翌朝、駅前のファミリーレストランに出かけてみると、洋食だけでなく、三〇〇円台で納豆と味噌汁の付いた和朝食セットを発見。Tさんはすっかり気に入って、「モーニング」時間の常連になったそうです。

このように、老後の「自由度の高い」生活では、たとえ夫婦でも相手に負担をなるべくかけずに、自分の望みを叶える工夫が必要になります。それがお互いのストレス軽減や心の整理にもつながるのです。

Tさんの場合は、人に相談してどんどん外に出ていく積極性があったので満足のいく結果になったのですが、もし心の中で我慢するタイプの人なら、せっかく定年を迎えたのに自分の願いが受け入れられなかったことで、小さくない不満を抱えたかもしれません。

反対に奥さんが妥協して、毎朝早く起き「ご主人好みの和朝食」を作り続けていたら、それにより彼女がストレスを蓄積していったことでしょう。

いずれにせよ、二人でいる時間が飛躍的に増える老後こそ、夫婦が「遠慮のない意見」を交《か》わす必要があるのです。夫婦どちらか一方が、いつも我慢するという「心の不安定な状態」は避けなければなりません。

Tさんの場合はこの後、奥さんも比較的安価で朝食を作らないですむモーニングセットの魅力を知り、ご夫妻で週に二、三度、ファミレスでの朝食を楽しんでいるそうです。

そしてモーニングを食べに行く習慣は、「自分の好きなものが食べられる」「作る手間を省ける」といったこと以外にも、二人に良い影響をもたらしました。それは、以前より夫婦仲が良くなったことです。

外出するにはそれなりに朝から身なりを整え、特に奥さんは薄化粧《うすげしょう》をします。このことが、「くたびれ気味」な夫婦に活力を吹き込みました。また、朝ファミレスに行ったついでに散歩するようになり、歩きながら夫婦でたわいのない会話を楽しむ時間も増えたのです。

朝食は一日を始めるきっかけですから、できるだけ爽《さわ》やかなスタートを切りたいもの。「朝から外食なんて」という固定観念は捨てて、時には賑《にぎ》やかな雰囲気の中で香《かお》り高い「モーニング」のコーヒーを楽しんでみてはいかがでしょうか？

◆五色バランス健康法――「彩りの美しい食事」は身体にも優しい

「食事は栄養バランスが大事」とよく言われますが、献立を考えるたびに、この食事は何カロリーでタンパク質は何グラム、脂肪は何グラム、糖質はどのくらいなどと厳密に考えるのは、あまりに大変に思えます。

そこで、細かな数字やカロリーは考えず、食事全体のバランスを整えることにだけ心を配ってはいかがでしょうか？　それなら調理をする時に、さっと調整ができて、とても簡単です。

では、その「食事のバランスを簡単に整える方法」とは何かと言えば、食事の色あいを整えること。

一般に「五色バランス健康法」とも呼ばれるのですが、東洋医学の「陰陽五行《いんようごぎょう》」の考え方をアレンジして、五つの色に分類した食材を一回の食事に摂り入れるようにします。

つまり、体に必要なものを色で分類し、必要な五色の食品を揃えるだけです。難しい理屈や数値よりも、こうした目で見てすぐに分かる方法のほうが、ずっと長く実行しやすいでしょう。

それぞれの色が持つ意味を解説してみます。

■赤の食品
筋肉を作るたんぱく質と脂肪を含む、肉や魚の色が赤です。魚には不飽和《ふほうわ》脂肪酸が、にんじん、トマトなどの赤い野菜にはβ《ベータ》カロテンが豊富です。

■黄の食品
畑の肉と言われる豆腐や味噌、油揚《あ》げなどの他、かぼちゃ、銀杏《ぎんなん》、ゆず、芋、とうもろこし、穀物《こくもつ》などを含む食品群です。

■緑の食品
体の調子を整えるミネラルやビタミンを含んだ緑の食品群には、春菊《しゅんぎく》、ホウレン草、ニラ、小松菜などの緑色野菜が挙げられます。

■白の食品
主食となるご飯、うどん、パスタなどが代表的で、牛乳、ヨーグルトなどの乳製品も含まれます。大根、カブなどの野菜も白のグループです。

■黒の食品
低カロリーで食物繊維が豊富なキノコ類や、ミネラルがたっぷりの昆布やわかめ、コンニャクなどは黒の食品群。ヘルシーな食材がメインです。

「五色バランス健康法」なら、これら五色の食材を、毎日の食事の中に彩《いろど》りよく取り入れるだけです。

何かの色を多く入れるとか、各色を同じ量にするといったルールもありませんから、できるだけたくさんの色を入れるよう心がけるだけで良いのです。

それだけでも、毎食こうした彩りの豊富な食事を続けていれば、自然と栄養バランスは整ってきます。

偏食《へんしょく》になりがちな「単調」な色ではなく、目で見て美しい食事が体にも優しいとなれば、これほど分かりやすいことはありません。ぜひ気軽に試してみてください。

第5章

最後は「細く長く」が良いお付き合い

――人間関係も「終着点」がいずれ来る

◆「たくさんの人と付き合いたい」から「今後もつながっていたい」へ

私たちは多くの人に囲まれて暮らしています。無人島生活でもない限り、人は人と出会い続け、その数は年齢に比例してどんどん増えていきます。

若い頃は、知り合いや友達、取引先の多さが勲章《くんしょう》のように思えて、できるだけたくさんの人と付き合いたいと思いますが、年齢を重ねると、これまでのようにすべての人と付き合うというわけにはいきません。

時間やお金の問題はもちろん、体力も気力も、若い時と同じではないからです。

だからこそ、老後の暮らしを迎えたら、人間関係にも整理が必要です。

基本的には「数より質」で、付き合いの深さにシフトチェンジしていきます。現役時代と同じように、顔つなぎのためにあちこち「顔を出す」ような人間関係からは卒業し、本当に大切な人、長くつながっていたい人とのご縁《えん》をより深くしていきたいものです。

分かりやすい例として、年賀状のやり取りについて考えてみましょう。

まだ社会人として活躍している時は、親類や友人の他に、仕事関係の人からも数多くの年賀状が届きます。

しかし定年退職後も、それらすべてに応えていくのは大変です。一枚五〇円ほどのハガキでも、数が多くなれば金額だって馬鹿にならないでしょう。大量の印刷をまとめて外注しているなら、なおさらです。

だからといって「会社を辞めたら、会社や取引先がらみの年賀状はスパッとやめるべき」などと、乱暴なことを言うつもりはありません。

ただ、いかにも儀礼的で、印刷された文面にひと言も手書きの挨拶が添《そ》えられていないような相手については、翌年の名簿《めいぼ》に入れるかどうかを考え直しても良いということです。

それは、自分が書いている年賀状にも置き換えられます。

たとえば印刷した年賀状に、何も書き添える気持ちにならない相手は、おそらくその後も人間関係が「発展」する可能性は低いはずです。思い切って、年賀状のリストから外してしまっても良いのではないでしょうか。

ただし「老後の整理術」として大切なことは、「何人もリストから外してハガキ代が浮いた」「書く時間が節約できて助かった」で終わりにしないことです。

リストに残った人たちは、今後もつながっていきたいご縁の人というわけですから、浮いた時間やコスト、労力のすべてとは言いませんので、一部分だけでも余計に時間を割《さ》き、より丁寧な対応をしたいものです。

これまで、いろいろ忙しくて「今年もよろしく」とひと言添えるのが精一杯だったら、「定年を迎えて時間に余裕ができました。今年こそ、一緒にお食事したいですね」「暖かくなったら、温泉にでも行きませんか?」などのように、きちんとその相手に届くメッセージを書き込んでみるのはどうでしょうか?

「今年もよろしく」だけでは、手書きといえども儀礼的な印象になりますが、自分なりの言葉が添えられていれば、それを読んだ相手は「○○さんとのお付き合いはこれからも大切にしたい」と思ってくれるはずです。

◆「記念写真」と「お土産に必死になる」旅行からは卒業しよう

最近では、世界の「秘境《ひきょう》」と呼ばれるような場所にも、年配の日本人観光客の姿が見られるようになりました。特に、長年連れ添ったご夫婦が手を取り合って二人の時間を満喫《まんきつ》する姿は微笑《ほほえ》ましいものです。

しかし国内外を問わず、旅先の観光地やホテル、旅館、空港、駅などで必死に知人や親戚へのお土産《みやげ》を買う姿はいかがなものでしょうか？

もちろん旅の思い出に、自分の欲しい物を一つや二つ購入したくなる気持ちはよく分かります。

しかし、両手で抱えるように「同じお菓子の箱」をいくつも重ねたり、安物のアクセサリーや民芸品を何十個という単位で買い漁《あさ》っているのを見ると、「なぜそこまで土産物が大事なのだろう？」と不思議に思えます。

以前、アメリカの友人と日本の観光地を訪ねた時のことです。山のように土産物を買う日本人を見た友人が「旅を楽しむより、土産を買うのに必死に見える。日本人の旅の目的は、写真と土産を買うことなのか？」と不思議そうに聞くので、返答に困りました。

確かに、日本人は眺《なが》めの良い場所をゆっくり見たり、くつろいだりもせず、写真を撮ることに一所懸命ですし、名所見物を早々に引き上げて土産物屋での滞在時間をたっぷりとることを優先する人もいます。

そして旅行から戻ると、「安芸《あき》の宮島《みやじま》に行ってきたんです」「三保《みほ》の松原《まつばら》で富士山を見てきたので……」と、名所をバックにして撮った自分や家族の記念写真を見せ、さらに行ってきた場所がひと目で分かるような土産物を渡します。

こう考えると、日本人が旅先で写真を撮って土産物を買うのは、感動や思い出よりも、その場所に行った「証拠」を欲しがっているように見えます。しかし、そんな思いで必死に買ったお土産も、相手にそれほど喜ばれていないとしたら、悲しいでしょう。

旅先で売られている置物やアクセサリー類は、「趣味に合わないけれど、もらったものは捨てるに捨てられなくて困る」という人が圧倒的ですし、土産物の菓子類は「年配の夫婦では食べきれず、結局、半分くらいは捨ててしまった」というケースもありえそうです。

それほど喜ばれもしない形ばかりの土産物に多額の金を払い、なおかつ本来の観光の時間が減ってしまうのはもったいないですね。

老後はその気になれば、旅をする機会も一気に増えます。そろそろ土産物を「大量に配る」ような習慣は終わりにしませんか？

もし、どうしても旅の感動や思い出を誰かに伝えたいなら、古典的ですが旅先から絵ハガキを送るのはどうでしょう？

相手の住所さえ分かれば、絵ハガキや切手は現地の観光地で購入できます。ハガキをもらった人は、わざわざ旅先で自分を思い出して筆を取ってくれたことを、やはり嬉しく思うはずです。

趣味の合わない飾り物や、食べきれないお菓子をもらうより、ずっと気が利いているのではないでしょうか。

また、現地の美味しい特産品を買って帰り、その後に自宅へ招いて、それをご馳走しながら旅のおしゃべりを楽しむのであれば、これも素敵なお土産の形になりますね。

貧しかった昔と違ってこれだけ物があふれ、観光地の風景もテレビや雑誌、インターネットの検索でいくらでも見られる時代です。お土産の意義を考え直してみるのも良いのではないでしょうか。

◆定年後は「住所録」を新しく――自分だけでなく家族のためにも

最近は、パソコンのメールソフトや携帯電話の連絡先などに知人の住所データを入力し、手帳のようなものは持たない人が増えているようです。

とても便利な一方で、パソコンや携帯電話の不具合・紛失でデータが突然見られなくなったり、消えてしまう危険性もあるので、必ずバックアップを取る必要があります。

逆に、手書きの住所録を愛用されている方の場合は、かなり長い期間、使い込んでいるのではないでしょうか？

多くの人は一冊の住所録の中で、転居や電話番号の変更などがあると、横線を引いて書き直したり、新たな情報を書き加えて使っているようです。しかし、あれこれと書き直しを重ねるうちに、どれがどれだか分からなくなってしまう場合も少なくないでしょう。

久しぶりに会いたい時、あるいは緊急の際、連絡を取ろうと思っても、正確な連絡先が分からないのでは住所録の意味がありません。そこで、定年をきっかけに住所録を作り直すことをお勧めします。

そして、どうせ新しく作り直すなら、前と同じようなものではなく「老後」を意識した工夫をほどこすと良いでしょう。

まず、住所録はなるべく大きいものにします。「大きな字で見やすい」つくりであることが何よりのポイントです。いろいろ書き込めるように備考欄《らん》があるものを選び、今後もお付き合いのある人だけのものを一冊まとめるのです。

現役時代の名刺の整理と同じで、もう連絡を取ることもないだろう人の連絡先が同じファイルにたくさん一緒になっていると、それだけで必要なものを探すのが煩雑《はんざつ》になってしまいます。

こうした作業で、ごちゃごちゃだった古い住所録がスッキリし、自分の今の交友関係が一目瞭然になってきます。つながっているのか、つながっていないのか曖昧だった人間関係の整理にもなるでしょう。

また、普通の大学ノートに五十音のインデックスを貼り付け、オリジナルの住所録を作っても良いと思います。その場合は一人一人のスペースを大きくとり、思いつく限りの情報を書き込んでおけるようにすると便利です。

たとえば誕生日を記しておけば、バースデーカードを送ったり、その日に「おめでとう」と電話もできます。

また、家族構成やその年齢を書き込んでおけば、「来年はお孫さんが小学校に入学だよね」などと話題に事欠きません。相手は、「そんなことまで覚えてくれていたんだ」と嬉しく思うでしょう。好物をメモしておけば、食事に出かける際や贈り物をする時にも便利です。

さらに、一緒に出かけた店のレシートや名刺などを貼《は》っておくと、「前に飲んだ店へまた行きたいね」と言われてもすぐ対応できますし、何が美味しかったか、金額はどのくらいだったかなど、いろいろな情報が残るでしょう。

そしてもうひとつ、住所録を新しくする大きなメリットがあります。それは、自分に万一のことがあった際に、残された家族が誰に訃報《ふほう》を伝える必要があるのか、連絡先が分かるということです。

老年期に入った人は誰でも、いつかは必ず来る「その日」を意識して生活しなければいけません。

家族が「お父さんの葬儀《そうぎ》には、誰を呼んだらいいんだろう？」「お母さんのお通夜《つや》には、趣味の『絵手紙の会』の人を呼びたいけれど、どうやって連絡すればいいんだろう？　代表の人がいるのかしら？」などと迷わないためにも、元気なうちに住所録はきちんと整理しておきましょう。

増える訃報――「対応しきれない」お通夜や告別式はどうする？

年を取ると、訃報《ふほう》に接する機会が増えますね。そして不幸があったのを知った時には、不義理《ふぎり》をしないようにと、故人《こじん》が多少縁遠い人でも香典《こうでん》を包むケースが多いのではないでしょうか？

もちろん、金銭的に余裕がある場合はそれで良いかもしれません。けれど年金生活になり、少しでも出費を抑えたいと日々悩んでいるのなら、だんだん対応の仕方を変えていくべきです。たとえ義理が果たせても、自分の生活をひどく圧迫するのでは考えものです。

その方法はいろいろありますが、一番簡単なのは、お香典の金額を減らすことでしょう。

「金額を減らすなんて、そんな失礼なことはできない！」と世間体《せけんてい》を考える人が多いのですが、本当に大切なのは香典の金額ではありません。故人に対する最大の弔意《ちょうい》は、お通夜や告別式に出向くことです。だから金額には、あまりとらわれる必要はないのです。

また、葬儀の行なわれる場所が遠い場合などは、交通費や宿泊費も馬鹿になりません。逆に、場所は近くても体力的に厳しい場合もあります。お香典を誰かに託したり、郵送するのも一案です。ただしその際は、必ず一筆《いっぴつ》添えるのが礼儀でしょう。

手紙を書く習慣が少なくなった現代では、この「一筆」が高いハードルに感じられる人も少なくないかもしれません。でも、お礼状などに比べて、お悔《く》やみの手紙は定型を踏まえれば比較的簡単です。いくつかポイントがあるので、書き方を覚えておきましょう。

◎「拝啓」〜「敬具」といった頭語《とうご》や結語《けつご》は書かない。季節の挨拶も不要。

◎「このたびはご愁傷《しゅうしょう》さまでございます」「ご母堂《ぼどう》様の訃報に接し、心からお悔やみ申し上げます」など、お悔やみの言葉から始める。

◎弔問に行けないことを詫《わ》びる一文を書く。その際、行けない理由を長々と書く必要はない。「やむを得ない事情で……」「どうしても都合がつかず……」のような曖昧な表現でよい。

◎「どうぞお力落《ちからおと》しのないように」といった、遺族をいたわる一文を添える。

◎便《びん》せんも封筒も柄《がら》のない白一色の物を選び、封筒は内側に別の紙がついている二重封筒は用いない（不幸が重なるという意味合いから）。

このポイントさえ押さえておけば、あまり難しく考える必要はないのです。

そして最後に、葬儀に参列もできず、お香典も本当に少なめにしか出すことができないけれど、ご縁は切りたくない、できるだけのことをしたいという場合はどうしたら良いでしょうか？

そんな時は、お線香《せんこう》を送るという方法もあります。もともと「香典」は、お香《こう》の代わりに霊前《れいぜん》に供《そな》えるものですから、お香そのものを送るのは理にかなっているわけです。

進物《しんもつ》用のお香は一〇〇〇円から一万円までの間でいろいろ選べますし、金包みの三〇〇〇円とお線香の三〇〇〇円を比べると、お香のほうが心がこもっているように感じられる場合もあります。

いずれにしても、こうしたお付き合いには「これが正しい」というものはありません。あくまで自分のできる範囲で良いのです。何より大切なのは、相手に弔意が届くことなのですから。

干渉と責任――「親の人生」と「子どもの人生」を混同しない

普通に考えれば、子どもは大きくなればなるほど、手がかからなくなるものです。そして成人を迎えたり、学校を卒業する頃には、社会的にも「一人の大人」として認められ、親も子育てから卒業できるはずです。

しかし現在、子どもが三十~四十歳になっても、まだ「親業」をやめられないシニア層が増えています。というのも、「結婚しない」「結婚できない」男女が増え続けているからです。

主婦のＹさんには、四十三歳になる息子さんがいます。Ｙさんは一日も早く孫の顔が見たいので、あちこちに声をかけてお見合いの相手を探してもらっていたのですが、何回お見合いをしても、あと一歩というところで決め手に欠け、結局はうまくいきません。さらに四十歳を越えた頃から、お見合いの数も激減しました。

結婚に対して積極的になってくれない息子に対し、Ｙさんはイライラを募《つの》らせると同時に、「私の育て方がいけなかったのだろうか？」「いつまでこの子の世話を続けなくちゃいけないんだろう？」と落ち込むことが増え、ついには体調まで崩してしまいました。

さて、Ｙさんのように親業から卒業できず、悩みを抱える老親たちは、どうやって心の整理をつければ良いのでしょうか？　どうすれば沈んだ気持ちを軽くし、自分たちの老後を心軽やかに過ごせるのでしょうか？

こうした問題で一番大切なのは、「子どもはいつまでも子どもではない」と割り切ることです。

今のシニア世代には「働いて、結婚して、子どもを作ってこそ一人前」という考え方が染みついています。

しかし、現在の若い人たちの考え方やライフスタイルは変化していて、自分の家庭を持つという生き方に魅力を感じない人も増えています。将来的には不安定というリスクを承知の上で、ずっとシングルで自分のやりたいことだけを存分にやりたい――。そういう選択も珍しくありません。

そして、どう生きるかを決めるのは結局、子どもたち自身なのです。たとえ親といえども、そこまで過度に干渉すべきではないでしょうし、最後まで責任が取れるものでもありません。

だからこそ、子どもが自分の「生活基盤」を固めて最低限の自立ができたら、それが子育て卒業のタイミングです。いつもまでも世話を焼いたり、必要以上に口出しするのはやめましょう。

そうしないと逆に、子どもはますます親離れのタイミングを失い、いつまでも親の目を気にし、お互いに依存し合う関係になってしまいます。

Yさんと同様に、なかなか結婚しない三十代後半の娘に不安を抱えた主婦のR

さんは、「もう孫はあきらめた」と、柴犬《しばいぬ》を飼い始めました。その愛らしさに、それまでの日々の不安や淋《さび》しさは一気に吹き飛び、「ああ、もっと早く犬を飼えば良かった」と思ったそうです。

ところが世の中、何が幸いするか分からないもので、娘さんが柴犬を散歩させていた時に、同じく愛犬家の独身男性と知り合い、年もそんなに変わらなかったせいか、あっという間にゴールイン。現在Rさんは、可愛らしい孫二人と愛犬に囲まれて、忙しいけれど幸せな毎日を送っているそうです。

縁とは不思議なもので、あきらめたと思った瞬間に状況が変わるケースもあるのです。

いつまでも「私が親なんだから、最後まで何とかする（何とかできる）」という思い込みは捨てるべきです。それは親の責任感として非常に立派ですが、裏を返せば、親の傲慢《ごうまん》でもあります。

子どもの人生はあなたの人生でもなければ、あなたの人生は子どもの人生でもないのです。「自分の子どもといえども、もう大人――。道を外しさえしなければ良い……」と思えれば、ずっと気が楽になるでしょう。

◆長期化した「大人のひきこもり」は自分たちだけで抱え込まない

近年、深刻な社会問題として「大人のひきこもり」が取り上げられるようになりました。

少し前まで、ひきこもるのは「不登校の子ども」というイメージがありましたが、だんだん高齢化して、現在は二十代から三十代の人が増えているようです。なかには四十代以上のひきこもりの人もいて、当然、親は老後と呼ばれる年齢に達しています。

二〇一〇年に内閣府が実施した、ひきこもりの実態調査によると、「ふだんは家にいるが、近所のコンビニなどには出かける」「自室からは出るが、家からは出ない」「自室からほとんど出ない」という人が二三・六万人。「ふだんは家にいるが、自分の趣味に関する用事のときだけ外出する」が四六万人。合わせると約七〇万人のひきこもり人口があると発表しています。

さらにひきこもりが長期化すれば、親も子も当然、年を取ります。

もはや子どもとは言えない年齢の息子や娘が、仕事も家事も外出もせずに家にいるとしたら、親としては心穏《おだ》やかな老後を過ごせるはずがありません。では、いったい、どうすれば良いのでしょうか。

世間体を気にして、「養《やしな》えるうちは親が責任をもって養う」という考えの人もいます。また「もうあきらめているよ。自分たちが死ねば、子どもが自分で何とかするだろう」という人もいるでしょう。

しかし、ひきこもりは長期化すればするほど解決が困難になりますから、親の世代に気力や体力が残っているうちに、立ち上がったほうが良いのは事実です。

立ち上がるといっても、「アルバイトでも良いから働きなさい」とか、「もっと自分の将来を考えろ」と叱りつけても効き目はありません。そんなことは本人が一番よく分かっていますし、第一、ひきこもりが始まった頃に、さんざん言い聞かせているはずです。

長期化した大人のひきこもりについては、やはり専門家のアドバイスを受ける必要があります。最近では、ひきこもり解消のため、行政もさまざまな相談窓口を設けています。一人で抱え込まず、勇気を出して訪ねてください。直接の窓口が見つからなくても、役所や保健所などで聞いてみれば、相談に乗ってくれるはずです。

適切なカウンセリングや職業訓練を受けることで、社会復帰した人は数多くいます。なぜなら、社会復帰を心のどこかで強く望んでいるのは、親より本人たちだからです。

ずっとひきこもっている人間が、自分の力で第一歩を踏み出すのは容易ではありません。だからこそ「世間体が悪いから、人様の力を借りたくない」などと抱え込まずに、専門家に相談するところから始めてみてください。それが穏やかな老後につながる第一歩になるはずです。

◆家族でも「人は人、自分は自分」――二世帯同居の鉄則とは？

独立していた子どもと二世帯同居で暮らすようになるのは、「親の定年」「孫の誕生」という二つの出来事がきっかけになる場合が多いようです。

そろそろ体力が落ちてきた両親の生活を子ども世帯が助け、まだまだ未熟な子ども夫婦の子育て（孫）などを親がフォローし、家族が力を寄せ合って仲良く暮らしていけたら、それは素晴らしいことですね。

はじめは誰もが、食卓に集まる家族の笑顔を思い浮かべたり、成長していく孫の姿を頭に描いたりして、同居の夢を膨《ふく》らませているでしょう。

ただ、夢のような暮らしばかりを想像し、現実をきちんと見つめていないと、途中から「こんなはずではなかった……」「思っていたのと違う！」と、ガッカリしてしまうケースも少なくないのです。

最初に描いた夢が大きければ大きいほど、現実とのギャップも大きくなり、失望感は強くなります。準備に多額のお金も時間もかかることですし、同居を考えるならまず「冷静なルールづくり」が必要なのです。

ただし現実には、すべてを事前に決めたルールで縛るわけにはいきません。毎日の生活の中で雑多な問題をひとつずつ解決していくしかありませんので、その判断はまさに臨機応変が求められます。

それでも、お互いに「ここだけは譲れない」とか「これだけは守ってほしい」「このくらいは大目に見てほしい」という大きな骨組みだけは、最初にしっかりと確認し合うことが大切です。この核となる部分を曖昧にしてしまうと、後から非常に大きなしわ寄せが来て、ストレスを抱え込むようになります。

それが嫌だったら、話しにくいことほど最初にとことん話し合い、大筋の合意を得た上で、細かいことはその都度、解決していくほうが良いでしょう。

もちろん、最初はどんなことが起こるか分からないので、不安な部分も多いはずです。そんな時は、すでに二世帯同居の生活を何年か経験している知り合いや友人、親戚、近所の方などに話を聞き、その「リアルな意見」を参考にするのが一番だと思います。

そこで、実際に親や子ども世帯と同居している人に「気をつけていること」を聞いてみると、次のような意見が多いことが分かります。

まず、一番の基本は「相手を思いやること」です。当たり前と言えばそれまでですが、毎日挨拶や声掛けをしたり、家事が大変そうな時は手伝ったり、買い物に出る時は「何かついでに買ってくる物はない？」とひと声かけるなど、さりげなく相手世帯を気遣《きづか》っているようです。

次に多かったのは「寛大《かんだい》な気持ちで接すること」です。つまり、いちいち相手の態度に目くじらを立てたり、イライラしたりしないように、大らかな気持ちで付き合うことです。

子ども夫婦とのトラブル回避のためには、たとえ趣味や嗜好《しこう》が違っていても、掃除や洗濯のやり方が気に入らなくても、「人は人、自分は自分」と割り切って相手を許容するという意見も目立ちました。

そして「プライバシーに口出ししない」ことも、大事なポイントのようです。つい相手の生活が気になって「どこへ出かけるの？」「誰と一緒なの？」「昨日はずいぶん、帰りが遅かったみたいね？」などと詮索《せんさく》するのはいけません。たとえ悪気はなくても、相手の細かな生活にまで干渉するのは、決して良い結果をもたらしません。「相手から何か言わない限り、プライバシーには立ち入らない」と考えていたほうが無難です。

結局のところ、これらはすべて「自分がやられたら嫌なことはしない」「やってもらったら嬉しいことはする」という原則に従った行動ばかり。その点が分かっていれば、自然にトラブルの火種《ひだね》もなくなるのではないでしょうか。

また、親世代と子ども世代では、生きてきた時代背景、価値観などがまったくと言っていいほど違いますから、ライフスタイルも大きく異なるのは当然です。二つの暮らしを統一しようとすれば、必ず無理が生じます。

働き盛りの子ども世代とリタイアした親世代とでは、「生活リズム」が異なります。強引に生活を合わせれば、どちらかに不平不満が溜まる一方でしょう。

こうした問題を考えると、やはりお互いに自由を尊重し合うけれど「ほど良い不干渉の関係」というのが、二世帯同居を成功させるカギかもしれませんね。

◆可愛いだけでは済まされない――孫を預かる「リスク」にも注意

昔から「目の中に入れても痛くない」と言われるほど可愛いのが、孫の存在でしょう。しかし、その気持ちのまま、安易にお孫さんの面倒を見るのが良いのかどうか――。時には、改めて考えてみることも必要です。

特に共働きの夫婦にとっては、親は自分たちの生活をサポートしてくれるありがたい存在です。

何かと言えば、「お母さん。今日は夜まで○○ちゃんのこと、お願いね」「明日から出張なので二日間、面倒を見てほしいんだ」「日曜日は上の子のピアノの発表会だから、下の子を預かって」などと親を頼りにしがちです。

しかし、第一線を退《しりぞ》いた年齢の親にとって、子（孫）育ては想像以上に重労働です。体を痛めたり、健康に悪影響の出る場合もあります。

それでも親としては「まったく来ないよりはマシ」と、多少の無理をしてでも子や孫のために頑張るのですが、それがかえって子どもたちを甘やかす結果にもつながるわけです。

もちろん親子が仲良く、孫の育児に手を貸すことは決して悪いことではありません。でも、良かれと思ってやっていることが若夫婦のためにならないことも、実際問題としてあります。

特に、親と「娘」夫婦の間柄では、お互いに依存しすぎない配慮が必要です。娘時代に何でもしてくれたお母さんのイメージが、結婚後も残っていると、娘は遠慮なく家事や孫の世話を任せて、自分は遊びに出かけてしまうなど、甘えたままの状態が続くようになります。

その一方で親も、娘をいつまでも子ども扱いして、子育てを手伝うことでその自立心を阻害《そがい》する結果にもなるのです。

もちろん、孫の世話をすべて拒否するような必要はありませんが、「お母さん。今日も○○ちゃんを預かってね」と過剰に親に甘える習慣は、改めさせたほうが良いでしょう。

また、あまり考えたくないことですが、万が一、孫を預かっている時に高熱を出したり、椅子から落ちてケガをしたり、自分が運転している車の中で交通事故に遭《あ》ったりした場合、あなたにはその責任が取れるでしょうか？

日常的に、頻繁に孫の面倒を見るなら、そうした「不測の事態」への対処法もきちんと話し合っておく必要があります。さらに、幼児期以降になれば教育方針や将来の進路をめぐって、子育ての方法や考え方そのもので意見が対立する場合も考えられます。

そうなると今度は、「そんな古い子育てはもう通用しないのよ」「あなたこそ、いつまでも子どもっぽい考え方しないで」と口論が始まり、親心で孫を預かったにもかかわらず、かえって親子の関係がこじれることも……。

いずれにせよ孫の面倒を見るなら、それなりの覚悟を決める必要があります。

しっかり話をして、お互いに理解を深めておきましょう。

退職後の「主人在宅ストレス症候群」——ある日、突然の離婚届

真面目に定年まで勤め上げ、無事に退職したものの、会社で働いていた時の癖がちっとも抜けず、いつまでも肩書きや上下関係にこだわる男性がいます。長い間の会社勤めで抜きがたい習慣になったのか、こういう人に限って家でも上司風《かぜ》を吹かせるようになり、会社にいた時のような命令口調で「本当にお前は要領が悪い」「お前も家事のプロなら、もっと気の利いた料理を作ってみろ」などと、奥さんに対して、まるで自分の部下のように文句を言ったりするのです。

仕事で忙しい夫が定年を迎えて、やっと夫婦でのんびりした生活ができると思っていた奥さんにとって、会社の延長線上にあるこうした暴言は耐えがたいショックです。

こんな時、ちょっと勝気《かちき》な奥さんなら、「私はあなたの部下じゃないし、ここは会社じゃありませんから！」「文句を言うなら、勝手に自分で作ればいいじゃ

ない！」と反撃に出るでしょう。

けれど、自己主張の苦手な奥さんは言葉に出さず、じっと感情を溜め込んでしまいます。だからといって家の中では逃げ場もなく、ある日突然、離婚届を突きつけて夫が慌てる羽目にもなりかねません。

こうしたケースのように、定年後の夫が家にいることが原因で妻が強いストレスを感じ、体調を崩してしまう「主人在宅ストレス症候群」が社会問題になっています。それが原因で「熟年離婚《じゆくねん》」を招くことも少なくないのです。

この病気は、夫が一日中家にいて自分は何もしないくせに、妻に細かい指図をして、強いストレスを与えることから起こります。

そうした「亭主関白《ていしゆかんぱく》」タイプに文句の言えない気の弱い妻は、次第に精神的なストレスが溜まり、心身症とよく似た「主人在宅ストレス症候群」の症状が出るわけです。

◆夫婦で「お互いに干渉し合わない」自立的関係を築くのも大切

シニア世代の男性には、まだまだ「女は黙《だま》って男についてくるもの」という考え方の人もいるようですが、その発想を変えなければ、熟年離婚を避けることも難しくなるでしょう。

そこでまず大事なのは、お互いに遠慮なく言いたいことを言い合える定年後の「公平な関係」を築くことです。そして、どちらかに依存し過ぎる関係にならないよう、工夫する必要があります。

家事を分担したり、一人で長く続けられる趣味を見つけたり、別々に外出したりと、夫婦でお互いに干渉し合わない自立的な関係を築くことで、一緒にいることが一方の大きな負担やストレスにならないようにするわけです。これには、何よりも男性の側の「意識転換」が必要でしょう。

もともと夫が妻に対し、傷つけるような発言をするのは「妻なら何を言っても怒らないだろう」とか「妻なら何でも許してくれる」と無意識に甘えきっているからに他なりません。

早くそれに気がつき、自分が妻に甘えている態度を改めないと、いつか「私はあなたの母親ではないの！」と離婚届を突きつけられても仕方がないのです。

これまで、仕事優先で「家の面倒なことは妻がやるのが当然」「女は夫のために仕《つか》えるもの」と思っていたなら、定年を機に、そういった古い考えは一掃《いっそう》しましょう。

そして、長年の伴侶に対し謙虚な気持ちで「今までありがとう」が言えるようになれば、いつでも夫婦の再スタートは可能です。

最初は長年の癖で、つい威張《いば》った口調になるかもしれませんが、気持ちを入れ替えて、素直な思いを伝えるのが何よりです。

物を「借りた」「預かったまま」亡くなると、家族が面倒なことに

「ねぇ、お母さん。誰かに何かを借りて、そのままになってない？」

孫を連れて遊びに来た娘さんから、いきなり言われて驚いたTさん。

「急にどうしたのよ？　意味が分からないけれど」と問い返してみると、友人の亡くなった父親が、人から骨董《こっとう》品を預かっていたようで、それを返すように催促されているけれど、どこにあるのか分からなくて困っているのだとか……。

そんな話を聞いて娘さんは、自分の親も他人から何かを借りたり、預かったりしているのなら、元気なうちに返しておいてほしい、両親に何かあった後に突然知らない人から言われても困る――と言うのです。

「そういえば……」

娘さんに言われてTさんは、結婚式の時に旧来の友人から着物の帯揚《おびあ》げを借りていたことを思い出しました。

「滅多《めった》に使わないから、急いで返さなくてもいい」と言われていたのと、何か洒落《しゃれ》たお返しをしたいと考えあぐねているうちに、ずるずると時間が経ち、そのうち借りていることさえ忘却《ぼうきゃく》の彼方《かなた》となっていたのです。

「他にも何かありそうな気がする……」と慌てたTさんは、大掃除をかねて部屋を整理したところ、本、CD、写真、雑貨、雨の日に借りた傘など、借りたまま返していない物が細々《こまごま》あったのに気づきました。

「これではいけない。自分が元気なうちに貸し借りの整理をしておかなければ」と心に決め、Tさんは借りた物をすべて返却しました。

物の貸し借りにだらしのない人は「別に高価なものじゃないなら、返さなくてもいいだろう」と思うかもしれませんが、どれほど大切かは本人でなければ分かりません。

それに、冒頭の娘さんの友人のケースのように、貸した人はあくまで故人に貸したのであって、亡くなられたのなら自分に返してほしい、ここで主張しないと貸した経緯を知らない遺族からは二度と戻ってこないかも——と不安になるのもごく自然な発想です。

言うまでもなく「借りたものは返す」のが世の中の当然のルールです。また借りたものを返す際には、それなりの心配りが大事になります。

借りた相手が近くに住んでいるのなら、ちょっとした手土産を持って「どうもありがとうございました。お返しするのが遅くなりまして、申し訳ありません」と、お詫びと感謝を伝えるのが良いでしょう。

もし貸主が遠方にいるのであれば、手紙にお詫びとお礼を書いて、郵送などで返します。

借りたものを返す時に添えるお礼の手紙には、貸していただいたことへのお礼と、借りたことで助かったという喜び、さらに、返すのが遅くなった場合はそのお詫びも記します。

具体的には、次のような内容になると思います。

「陽春《ようしゅん》の候《こう》、皆様お変わりなくお過ごしのことと存じます。

さて、二年前に写真をお借りしていたにもかかわらず、お返しが大変遅くなりまして、申し訳ございませんでした。

ご迷惑をお掛けいたしましたことを、心よりお詫び申し上げます。

当時は、お貸しいただいた写真のおかげで制作が順調に運び、大変に助かりました。ご協力くださった○○様には心より感謝いたしております。

本日は、心ばかりのものですがお送りさせていただきましたので、皆様でご賞味《しょうみ》くだされば幸いです。

まだまだ寒い日が続きますので、風邪《かぜ》など引かぬようご自愛《じあい》くださいませ。

それでは簡単ではございますが、書中《しょちゅう》にて、お詫びならびにお礼を申し上げます。」

このように、こちらの気持ちが率直に伝われば、あまり堅苦《かたくる》しい言い回しは必要ないでしょう。

老年期には、お付き合いの幅もスリム化して、どんなものでも貸し借りは極力控えるようにしたいのですが、問題なのは、かなり以前に借りてそのままになっているものです。

大掃除の時にでも持ち物をよくチェックして、人の物が見つかったら、なるべく早急にお返しして、身辺をスッキリ片付けましょう。自分が亡くなってから、遺品整理をする家族のことを思えばなおさらです。

借り物を丁寧にお返ししたことがきっかけで、旧来のお付き合いが復活したケースもありますから、一度持ち物の総点検をしながら、これまでの交友関係を思い返すのも悪くないでしょう。

あきらめきれない？――「貸したまま」の物もありませんか

年を取ってからの物の貸し借りについては、「貸した」側に回っても問題がありそうです。

Nさんの場合は、会社勤めをしていた頃に部下に貸したカメラがそのままで、まだ返してもらっていないというのです。定年を迎えて、すでに三年は経っています。

娘さんは「そもそもこんなに長い間放っておいて、別に不自由していなかったじゃない。三年も経って突然『返せ』と相手に言うのもなんだし、そのままあげたことにすれば？」と素っ気ないのですが、Nさんとしてはスッキリしない思いがあるようです。

何とか、無理なく返してもらう方法はないだろうかと考えている父親に、娘さんは「とりあえずお手紙を出して、『中学に入る孫が欲しいと言うので、預けてあるカメラを返してもらいたい』と伝えればいいじゃない。郵送で結構とすれば、会って気まずくならなくてもいいでしょう？」とすすめました。

その提案に従ったところ、カメラは手元に無事に戻ってきたのです。Nさんが「貸し借りは長引かせずに、その都度、きちんと処理しなければいけない」と改めて思ったのは言うまでもありません。

人から物を借りてそのままになっている場合、そのほとんどは「つい返すのを忘れていた」「今さら返すのも、言い出しづらい……」というパターンです。もちろん返し忘れは良くないのですが、相手に悪気がない限り、あまり強く責めることはできません。

第一、貸した人が早めに返却を求めていれば、すぐに持ち主の手に戻ってきたはずで、一方的に借り手を非難するのも可哀想《かわいそう》です。また「返してほしい」という意思表示もしないのに、「あの人は借りたものを返さないルーズな人間だ」など吹聴《ふいちょう》するのはもっての外《ほか》です。自分が気づいた時点で、返してほしいなら「返してほしい」という意思表示をしましょう。

その時、有無を言わさずいきなり「返してもらえるかしら?」では、何となく非難めいたニュアンスになってしまいます。

先のカメラの例のように「今それを必要としている事情があるので、できるだけ早く返してほしい」という伝え方にすると、スムーズに返却されるでしょう。

このように「個人的な貸し借り」を清算し、身の回りを軽くすることも老後の暮らしを心軽やかにする大事な段取りです。

繰り返しになりますが、不測の事態も考えれば、年を取ってからの貸し借りは、できるだけ避けたほうが無難でしょう。

◆老後のお金の貸し借り――「ない袖は振れない」で断るのが一番

「お金を貸す時は、返してもらおうとは思わず、あげたものと思うこと」という教訓があるほどで、金銭の貸し借りにはトラブルがつきものです。

仲の良かった友人が、借金がもとで仲違《なかたが》いしたり、裁判沙汰《ざた》になった話は山のようにありますから、もし大切にしたい友情や人間関係なら、できる限り金銭の貸し借りは避けるべきです。

はじめは厚意《こうい》で貸したとしても、貸したお金が約束通りに返ってこなかったりすると、心配や不満の気持ちが生まれます。

そして信頼関係が失われ、お互いの人間関係に傷がつくのが常なのです。それが嫌なら、最初から金融機関などのプロに頼むべきでしょう。

ただ、何万円、何十万円という大金でなくても、普通に付き合いがあれば、ちょっとしたお金の貸し借りが生じることがありますね。このように借用書《しゃくよう》を作るほどの金額でない場合、かえってうやむやになることもあります。

たとえば、昼食で食事代を立て替えた場合も「一〇〇〇円程度のお金なのに、すぐに返せなんてケチに思われそう」とか「一〇〇〇円くらいなら、かえってごったほうがスマートかしら?」などと気にする人も少なくありません。

しかし、たとえ金額は少なくても「貸した形」であれば、うやむやにせず、きちんと清算《せいさん》したほうが良いでしょう。

そうでないと、「あの人にはお金を貸したままだ」とか「自分は軽く見られているのだろうか?」という気持ちがいつまでも消えず、何となくわだかまりが残るからです。

ただし、お金を請求する時には、それなりの気遣いが必要になります。

少ない金額を貸したままになっている場合、そのほとんどは意図的に相手が返さないのではなく、借りたこと自体(あるいは返す必要があること)を忘れているようです。

そんな場合は「もし忘れていたのなら申し訳ないけど、この前、私が立て替えた一〇〇〇円を返してもらえないかしら？　今日は、ちょっと本を買って帰りたいけれど懐《ふところ》が寂しくて」などと、できるだけ穏やかに、必要な理由をつけて口にするのが賢い方法でしょう。

普通は、お金を借りていたことを指摘されて思い出せば、すぐに「忘れていてごめんなさい！」と返してくれるはずです。

そしてお金を返してもらったら、こちらも「ありがとう」「気にしないで」と言葉を交わせば、人間関係も円満《えんまん》なままです。

一方で、ちょっと昼食代を用立てるといった金額ではなく、まとまったお金を貸してほしいと頼まれることがあるかもしれません。

よほど経済的にゆとりがあって、前述のように「差し上げてもいいお金」があるなら別ですが、そうでないならトラブル回避のためにも、借金の申し込みには「NO」と言う勇気が必要です。

ではどう断るかですが、これは徹底して「ない袖《そで》は振《ふ》れない」を押し通すのが一番穏便《おんびん》です。

「すぐに返すから、少しだけ借りられないだろうか？」と話を切り出されたら、

「実は自分も、あなたに同じことを言おうと思っていた」とか「わが家も家計は火の車で、食べていくのがやっとなんだ」と、相手よりさらに苦しい状況にいることをアピールして、「貸さないのではなく、貸せないのだ」という点を訴えるのです。

「こちらも生活が苦しくて、お貸しすることはできない」と頭を下げて、お引き取りいただきましょう。

また「ない袖は振れない作戦」が使えない場合には、「お金はトラブルのもとになるから、貸すのも借りるのも絶対にダメだっていうのが、親の遺言《ゆいごん》なんだ」とか「友人とお金の貸し借りはしない主義なので」と、自分の信条・ポリシーとしてはっきり伝えるのもひとつの方法です。

その際もやはり、「お役に立てず申し訳ないが」と頭を下げれば、相手は分かってくれるはずです。もし、それでもしつこく食い下がり、貸さないことを非難したりするような相手ならば、今後の付き合い方を考えたほうが良いかもしれませんね。

シンプルに、心軽やかに生きることを目標とする老後の暮らしに、借金のトラブルなどは最も不似合いです。「君子危うきに近寄らず」で、金銭的な問題とは、しっかり距離を置くよう心得ておいてください。

「そろそろ特別扱いもいいもんだ」——細く長く、良いお付き合い

生活スタイルが大きく変わる定年後は、友人との趣味の付き合いの形や頻度《ひんど》も現役時代とは異なってきます。

あるお宅では、これまでご主人がゴルフクラブで月二回のプレイをし、奥さんが二ヵ月に一回の国内旅行を楽しむという習慣が定着していました。

しかし、収入が少なくなる定年後は、もう少し節約にも努めたいと考え、趣味の活動を控えめにすることに決めました。

生活も遊びも、パワフルにこなしていくには体力も少し不足気味になっています。夫妻は、お互いの趣味の会のメンバーにも了解してもらって、自分たちの活動を少しスローダウンさせようと思ったのです。

本音は、せっかく知り合いになったメンバーとは今後とも仲良くしていきたい

けれど、従来通りの会の運営スケジュールでは、経済的にも体力的にもちょっとついていけない……。

ただ、これをそのままメンバーに伝えると、「自分だけ好きなペースで参加させてほしい」といった自分勝手な印象を与えてしまうかもしれません。

同じような悩みに直面した夫妻でしたが、ご主人が逆転の発想で「そろそろ特別扱いもいいもんだ作戦」というものを考案。パソコンに向かって、何やら文章を打ち込み始めたご主人の手元を見ると、それはクラブへのお願いでした。

「クラブメンバー各位

当クラブに入会してから十年にわたり、皆様方とゴルフを通して楽しさを分かち合ってまいりましたが、老年期となって、楽しみ方に少しアレンジを加えさせていただきたいと思います。

体力的な衰《おとろ》えが目立つ昨今、月に二回のラウンドは足腰への負担が大きく、さらにリタイア後の身には、経済的負担も大きいため、勝手ながら今後は月一回の参加とさせていただけないでしょうか。

わがクラブには、すでに四人の定年メンバーが在籍しているので、私のような希望を持つ者のため、クラブ内に『シニア部』を設けていただけるよう合わせてお願いいたします。

これまでメンバーの皆様と温めてきた友情を絶やすことなく、健康なシニアスポーツを楽しむために、細く長く、いいお付き合いのできるシニア部の設立にぜひお力をお貸しください」

今の心境を素直に表現したご主人のお願いはクラブ内で認められ、他のシニアメンバーの大歓迎も受けたといいます。

「所変われば品変わる」のことわざ通り、環境や時代の要求に応じて、社会も組織も少しずつ変化していくものです。

シニア世代が、新しいルールやコミュニケーションの方法を自ら求めて作っていくのは、とても頼もしいことだと思います。

◆定年後の新人のお父さん――上手に「ご近所デビュー」するには？

「退職するまで、近所のことは奥さんに任せて気にもしなかった」という男性は、いわば近所付き合いのビギナーです。

それまで「近所付き合いは面倒」とか「無理に付き合わなくていい」と考えてコミュニケーションを取ってこなかった人でも、定年後は生活のメインステージが職場から「居住する地域」に変わるのですから、無視するわけにいきません。

もちろん「自分はわが道を行くで、余計な近所付き合いは否定する」という信念を持って老後を生きるのも自由です。しかし、それでは人生の楽しみが狭《せば》まるばかりで、もったいないと思います。

ちょっと勇気を出して足を踏み入れたら、「近所にこんな面白い人がいた」「お歳は召《め》しているけれど、元気で博識《はくしき》な先輩がいる」「学童保育《がくどうほいく》の子どもと遊ぶのはとても楽しい」など、それまで長年の仕事では味わえなかった地域の魅力に触れることもあるでしょう。

また、「遠くの親戚より近くの他人」ということわざがあるように、ご近所にも自分と気の合う人や、今後の老後生活をエンジョイする上で、親戚よりも頼りになる人がきっといるはずです。

最初から、そういう人に巡り会えるかどうかは分かりませんが、自然に挨拶をしたり言葉を交《か》わすところから始めれば、やがて近所の人と顔見知りになり、親しさも増していきます。

まずは、近所ビギナーはビギナーらしく「おはようございます」「こんにちは」「こんばんは」と笑顔で挨拶から始めましょう。

もう少し慣れてきたら、「暑い日が続きますね」「日が長くなってきましたね」と季節の話題を出し、さらに「私の故郷ではこの時期にお祭りがあるんですよ」「そろそろ稲刈《いねか》りの季節ですね。私も昔はよく手伝わされたものです」と、少しプライベートな話を提供すれば、自然に会話も弾《はず》んでいきます。

ただし、人間は親しい間柄になると、だんだん遠慮のない会話ができるようになる反面、それが一足《いっそく》飛びに失礼な態度につながりかねません。親しくなっても相手に対する気遣いや思いやりは忘れないよう自戒《じかい》したいものです。

そして、もうひとつ大事なのは、老後は退職前の「自分のステイタス」を誇示《こじ》しないことでしょう。

特に男性に多いのが、地域の集まりでも「私は○○商事のロンドン支店に勤務していましてね」「通産省で宮仕《みやづか》えが長かったもので……」などと、在職中の話を誇らしくする人です。

何事も上下関係で動く会社の癖が抜けないのか、少しでも自分を相手より上だと思わせたいのか、あるいは新参者だから話す話題がそれしかないのか、いずれにしても、これは近所付き合いのルールではタブーです。

肩書きやキャリアをすべてリセットして、新しく「第二の人生」をスタートさせることが定年後の醍醐味《だいごみ》であり楽しみなのです。新人になったつもりで「自然体」の自分を心がけましょう。

◆老後の人間関係――年を取ると「感情のセーブ」がしにくくなる？

年を取ってから「友達の輪」を広げようとする時に心に留《と》めてほしいことが、

「嫌いな人」を作らないようにすることです。

「誰が、好きこのんで嫌いな人など作るものか」と言われそうですが、働き続けてきた人は、無意識のうちに人間関係を敵味方で分けたり、「あの人よりこの人のほうが上だ」と、上下関係のバランスで見がちです。あるいは「対等の関係」というのが苦手なのかもしれません。

そして自分より格下だと判断したり、生意気と感じたり、好ましく思わない人に対しては口調がキツくなったり、上から目線になったりするものです。

こうした態度が目立つようになると、次第に浮いた存在となり、「あの人はどうも苦手だ」などと陰口《かげぐち》を叩かれるようになるわけです。

また年齢を重ねると、感情のセーブができにくくなるのをご存知でしょうか？ちょっとしたことで大きな声を上げてしまったり、イライラがいつまでも続いたり、自分が話すのに夢中で人の話を聞かなかったり、細かいことにこだわって譲れなくなったり……。

まだ現役の方は、「自分はこんなことしないよ」と思われるかもしれませんが、さりとて若い頃と比べて、最近思い当たる節もあるのではないでしょうか？

さらに、社会人時代に「やり手」と呼ばれてきたような人たちほど、自分と相手の意見が食い違った時には、どちらが正しいか白黒《しろくろ》をつけたがる傾向があります。

もちろん、自分が絶対に正しいと思い込んでいるため、「私が間違っていました」と相手が認めるまで自分の意見をまくしたてるのです。ひどい時には、議論の正しさよりも「自分が勝つか負けるか」にこだわって、無理矢理にでも相手を論破《ろんぱ》しようとさえします。

これでは地域社会や趣味のサークルなど、老後のコミュニティの中では、相手からも周囲からも煙《けむ》たがられて当然でしょう。

そうならないためには、できるだけ相手の良いところに目を向け、悪いところについては「見てみないふり」をする努力が大切です。

世の中にはいろいろな人がいますが、「本当に嫌な人」というのは案外少ないものです。「あいつは嫌な奴だ」と自分が思い込んでいるだけ、ささいな理由で自分が苦手意識を持っているだけ――というほうが圧倒的に多いのです。

そしてあなたが苦手に思っていることは、必ず相手にも何となく伝わります。

こちらから「あなたに親しみを抱いています」という態度で接すれば、たいてい相手もこちらに好意を示してくれて、友好関係が深まっていきます。

老後の人間関係は「誰とでも対等」で、何より心地良いものにしたいですね。せっかく手に入れた新たな人間関係がストレスに変わらないよう、できるだけ広い心で周りと接するようにしましょう。

◆「続きはまた今度」――長居のお客様にすんなりお帰りいただく

親しい人を家に招いて、話に花を咲かせるのは楽しいものです。ところが、こちらが予定していた時間を過ぎても、お客様が「まだまだ話し足りない」と帰る気配のない場合は、ちょっと困ってしまいますよね。

ごく親しい友人なら「ごめん。用事があるから、続きはまた今度な」と気軽に口に出せるのですが、そこまで親しくない相手には、失礼にならないよう、どう切り出せばいいか困ります。

昔の京都では、長居をしてなかなか帰らないお客様がいる時、「ぶぶ漬け（茶漬け）でも食べておいきやす」と声をかけて、遠回しに「そろそろ帰ってほしい」という意思表示をしたそうです。

しかし、この方法は別に「京都限定」というわけではなく、他にも応用できる、「気持ちを遠回しに表す」ヒントが隠されているようです。

「もう一杯、お茶をどうですか？」「熱いものに入れ替えましょうか？」「今度はコーヒーにしますか？」というもてなしの言葉も、裏を返せば「もうそろそろ、お引き取りを」という気持ちを表している場合があります。

確かに何度も「お茶はいかが？」「コーヒーは？」と聞かれても、そう何杯も飲めるわけがないので、気がつく人なら「そろそろ失礼しなければ……」と腰を上げるはず。でも、なかにはまったく気づかない人もいるのです。

お客様が帰らないのを我慢してイライラするくらいなら、やはり、それなりの意思表示をしたほうが、今後の関係のためにも良いでしょう。

たとえば、アラーム設定や見せかけコール（電話がかかってきたように着信音を鳴らす機能）で、携帯電話の呼び出し音を鳴らして、「はい、そうですか。それではお待ちしています」などと受け答えをし、「ごめんなさい。ちょっと知り合いが急な用事でいらっしゃるので、また今度にしていただけますか？」「お客様が見えるので申し訳ないですが、今日はここまでに」などと伝える方法もあります。

そんな面倒なことはせず、もっとストレートに表すなら「ちょっと用事を思い出したので、すみません」「夕食の準備がありますので」「話し疲れて少し頭痛がするものですから」などと言っても、失礼にはあたらないでしょう。

あるいは、自分も一緒に「家を出る用事」を作ってしまうことです。「タバコを買うのを忘れて、近くのコンビニまで行かないと」「これからスーパーへ行きたいので、駅までご一緒しましょうか？」などと相手を誘いながら出かければ、嫌味にならずに帰っていただけるはずです。

何よりも明るい表情で「ごめんなさい」と口に出すのがコツで、笑顔を作れば作るほど、大きなクッションになってくれるでしょう。

また、長居が予想されるお客様の場合は、家に上げる前に「○時には出かけますが、それまでで良かったらどうぞ」「孫が遊びに来るので、○時までしか時間がないのですが……」のように、先手を打ってしまうのも賢い方法です。

これなら、先ほどいろいろと例を挙げた「意思表示」をする時にも、相手に遠慮なくできるでしょう。

第6章

老後の「イライラ」を整理する技術

——気持ちの切り替え上手こそ「幸せの達人」

◆自分に厳しい人ほど、老後はさらにイライラやストレスが増える

「上司として、部下の模範《もはん》となる実績や態度を示さないといけない」「教師である以上、人に後ろ指を指されるような生き方はできない」「○○家の嫁なら、品位のある行動をしなければ周りに恥ずかしい」など、さまざまな事情と制約の中で暮らしている私たちですが、一生そのまま肩書きや立場に縛《しば》られていたのでは、息が詰《つ》まりそうですね。

確かに「昇進するまでは必死で頑張ろう」「独立するには精一杯努力しなければならない」などと一定の期間、目標に向かって全力で努力することは大事ですが、老後を迎えたら、そろそろ「自分の人生はこうあるべき」といった枠を取り払っても良いでしょう。

いつまでも、「～であるべき」という考えに囚《とら》われていると、せっかく目の前にある老後の楽しみを逃《のが》すようになってしまいます。

現役を退いたのに、上から目線で周囲に「分からないことがあれば私に聞きな

さい」と言う人や「まだまだ体力も頭脳も若い者に負けない」と、ことさらに若さをアピールする人は、実は「若々しく頼りになる先輩」をいつまでも演じようと必死なのかもしれません。

もともと真面目で模範的な生き方をしてきた人ほど、シニアになっても厳しく自分を律《りつ》する傾向があるようです。

しかし老後の域に差しかかったら、こうした制約から解き放たれて、解放感のある人生も楽しまなければ、もったいないのではないでしょうか。

定年をひとつの区切りとして、もう少し「肩の力を抜いた人生」を再スタートさせるのも良いものです。

そのためには、今まで「～してはいけない」と思ってきたものを、あえて「～しても良い」と考え直してみるのはどうでしょうか。

たとえば、「夜は早めに寝て早起きしなければいけない」というのを「たまには夜更《ふ》かしして朝は九時に起きても良いだろう」にします。

「いつもきれいに家を掃除しなければ」を「ホコリでは死なないのだから、二～三日なら掃除をさぼっても良い」にします。

「一日三食きちんと食べる」を「お腹が空かなければ無理に食べず、好きな時間に食事をすれば良い」に変えるだけで、とても自由な気持ちになれるはずです。

現役の頃に比べて体力も気力も衰えてくる分、昔と変わらず自分を縛りつけるルールが多いと、次第にそれが達成できなくなり、イライラやストレスが増えるものです。

もし「こうありたい」という目標の人物像があるなら、老後はそれに「細かいことにはこだわらず、自由な発想で楽しく生きている人」というイメージを重ねてみてはいかがでしょうか？

参考になる人は、別に歴史上の偉人でなくても、先輩後輩、友人知人、兄弟姉妹、親戚のいとこ、近所の人など、今まであなたが出会ってきた中でそう感じる人が必ずいたはずです。きっと、自分の中で凝り固まった枠が吹き飛ばされて、心がフッと軽くなると思います。

◆何歳になっても他人と比べる「競争心」「嫉妬」は枯れませんか？

全力で勉強や仕事に打ち込んでいた若い頃は、他人への競争心やライバル心がやる気の原動力になっていたものです。

「あの人にだけは負けたくない」とか「必ずあいつには勝つんだ！」という思いでライバルと競《せ》り合うことは、自分自身の能力を高めると同時に、厳しい競争社会で生き抜くのに欠かせない要素であったはずです。

こうして切磋琢磨《せっさたくま》しながら出世街道を歩んできた人にとって、ライバルは、戦友のような存在です。「俺とこいつは同期の競争相手で、ずっと抜きつ抜かれつのデッドヒートの闘《たたか》いをしてきたものさ」などと、人生の節目になる懐かしい思い出もたくさんあるでしょう。

このように自らのモチベーションを上げるためにも必要だった競争心ですが、定年を迎えて職場を去る頃には、かつてのライバルも良き同僚となって、競い合う対象ではなくなっていくのが普通です。

しかし定年を境に、取締役として企業に残る人と一般社員として社を去る人に立場が分かれた場合などは、その「ステイタス」に大きな差がつきます。

そうなると、会社を離れる立場の人の心中はにわかに穏やかではなくなり、

「なぜ自分が選ばれなかったのに、あいつは役員になれたんだ」とか「実力では負けなかったが、しょせん世渡りが上手い奴にはかなわないな」などという不満が頭をもたげて、強いストレスを感じてしまいます。

これは一見、競争に負けたことへの敗北感のようですが、実は嫉妬《しっと》の感情に他なりません。性別や年齢に関係なく、自分よりも人生を有利に展開する人に対し嫉妬を覚えるのは当然のことで、一時的にイライラした気持ちはピークに達するでしょう。

嫉妬の中でも「出世」「地位」といった権力的にも、名誉的にも、経済的にも明確な差がつく部分では激しい感情を持ちやすいので、気持ちの整理をつけるまでは少し時間がかかるかもしれません。

また、年齢を重ねれば「感情の起伏《きふく》」も小さくなると思われがちですが、それにも個人差があります。一概《いちがい》に年を取れば、誰しも落ち着きが出て温厚になるという単純なものではありません。ですから、常日頃から自分自身の「心を制御する方法」を身につけることが大切です。

特に、高齢になってからパワーバランスを逆転するのは難しいため、他人との比較で自尊心《じそん》をわざわざ傷つけるような「嫉妬する癖」は、できるだけ避けたいものです。

老後を迎えたらよほどの必要がない限り、現役時代の話についてあまり深入りしないスタンスを保つほうが得策です。

少し努力が必要になるかもしれませんが、「人は人、自分は自分。他人のことには関心を持たない。関心を持ったところで、何がどうなるものでもない――」と割り切ってしまうのが一番良いでしょう。

そうして自分と他者との関係を整理したら、余計な関心も嫉妬も捨ててマイペースで我が道を行けば良いのです。

もちろん「隣《となり》の芝生《しばふ》は青い」で、何となく他の人が羨《うらや》ましく見える時があるかもしれません。しかし実際には誰の境遇も一長一短で、人生で何かに恵まれていれば他で苦労しているなど、トータルすればそれほど大差はないものです。

それを承知して、あとは今の自分の境遇を肯定して満足することができれば、イライラとは無縁《むえん》でいられるのではないでしょうか？

「上を見ても、下を見てもキリがない」と納得すれば、他人との比較がいかに意味のない、ただ「自分の心を不安定にさせる」だけのことなのか、合点《がてん》がいくはずです。

◆周囲の期待――「できません」「もう無理です」と言う勇気も大切

Sさんは近所でも評判の女性で、お茶もお花も料理も一流の腕前。何をやらせてもそつなくこなす力量が認められて、子どもが小さい頃はPTAの会長、その後は地域の民生《みんせい》委員を務め、七十歳からは自治会の副会長の任に就《つ》いています。

その頼りがいのある態度に、「何でもSさんに任せておけば安心。私たちも見習いたいと思っているんですけど、つい頼ってしまって……」というのがご近所の声でした。

そんな周囲の期待に応えるように、愚痴ひとつ言わずに働いていたSさんでしたが、ある時、首に赤いブツブツができて、同時に背中にも痛みが出たのです。心配に思って病院で診《み》てもらうと、「帯状疱疹《たいじょうほうしん》」という診断が下されました。

帯状疱疹とは、帯状疱疹ウイルスの感染により、神経に沿《そ》って帯状に痛みを伴なった発疹《ほっしん》ができる病気。これは、水ぼうそうを起こすのと同じウイルスが原因です。

水ぼうそうは、子どもの頃に多くの人がかかりますが、たいてい一週間程度で治ります。けれども、治ったとはいえウイルスが消滅したわけではなく、長い時には何十年も体内で潜伏《せんぷく》し続けて、免疫力《めんえき》が低下した際に復活する場合があるのです。

そして、復活したウイルスが皮膚に帯状の水ぶくれを作るのですが、免疫力の低下の原因はさまざまで、高齢化、過労、ケガ、ストレスなどが挙げられるでしょう。

幸いなことに、Sさんの帯状疱疹はしばらくして治《おさ》まりましたが、このことを機に、彼女は考え方を変えました。

それまでは、とにかく人の役に立つことが第一で、自分のことは二の次――。「私ががんばらなきゃ皆が困る」「私のおかげで皆が助かっている」という思いが強かったので、誰もが面倒だと思う仕事も率先《そっせん》して引き受けていました。それで心身ともに疲れ果ててしまったのです。

しかし、病気になって改めて「自分が倒れてしまったら元も子もない。まずは自分が元気でいられるような生活をしなければ……。人様のことはそれからだ」と思うようになりました。

そこでSさんは期が変わるのを待って、プレッシャーの大きな自治会の役職を辞任する決心をしました。今後は自分のペースを大切にし、無理せず、のんびりと毎日を過ごす予定だとか――。

このように、面倒見の良い人はなかなか「ノー」とは言えません。つい「もうちょっと自分ががんばれば、何とかなるはず」と思って無理をしてしまうのです。

しかし他人は、そんな人のがんばりや苦労を全部分かっているわけではありません。それどころか、「ノーと言わないんだから平気だろう」「あの人は、頼られるのが好きなタイプだから、いくら頼んでも大丈夫さ」くらいに思っているかもしれないのです。

「できません」「無理です」と言うのは、勇気が要るでしょう。それが今までできていたことなら、なおさらです。

けれど、ひとたび口にしてしまうと、心のモヤモヤが本当にすっきりします。また、「私ががんばらなきゃ、皆が困るかもしれない」と一人でずっと悩んでいたよりも、相手から悪く思われない、気にされないケースが多いのです。

Sさんは我慢を重ねてしまいましたが、こうした事情で自分の言いたいことをきちんと主張できるようになるのも、年齢を重ねた者の特権です。

せっかく、しがらみだらけの現役時代は卒業したのですから、自分の気持ちにウソをつかず「素直な生き方」をしたいですね。それが、心を軽くする老後の整理術の極意なのですから。

感情のガス抜き――「まるごと話せる」相手は老後の大きな財産

「もの言わぬは腹《はら》ふくるるわざなり」とは、吉田兼好《よしだけんこう》の『徒然草《つれづれぐさ》』に出てくる言葉です。これは「自分の思いをじっと胸の内に閉じ込めたままでいると、どうもスッキリした気分になれない」という意味です。本当は言いたいことや悩みを溜め込むと精神衛生上よくないのは、今も昔も同じのようです。

特に高齢になると、体の不調や環境の変化から抑《よく》うつ的な気分になりがちですから、そうしたモヤモヤを心に溜めず、いかに発散するかの方法を考えておくほうが良いでしょう。

もちろん自分の好きな趣味に没頭したり、スポーツで体を動かしたりするのもおすすめですが、一番簡単で効果的なのは、人に話を聞いてもらうことです。

別に何かを相談したり、意見を求めるのではなく、ただ単におしゃべりをして自分の話を聞いてもらうだけでも、十分に気分を発散させる効果はあります。

人間の感情も溜まったままでは、いつか小さなはずみで、爆発しかねません。時々はガス抜きが必要です。それには、誰か話を聞いてくれる人が必要ですが、ただ愚痴をこぼすだけでは、相手に対しても失礼ですね。

ではどうしたら良いかというと、常日頃まず自分が「聞き役」となって、相手の話を聞いてあげることです。

ただし相手は誰でも良いわけではなく、夫や妻、親しい友人や先輩後輩などの限られた相手で、本当に心を許せる人だけです。

そして、こちらが話を聞いてもらいたい場合は、まず「迷惑だと思うけれど、ちょっと話を聞いてほしいの」「気持ちがまとまらなくて、困っているんだ。少し話してもいいかな?」などと前置きして、落ち着いて話すようにしましょう。

こうして話が済んだら、「今日は話を聞いてもらってありがとう。おかげで気持ちがとっても楽になったわ」とか「何だか気分がスッキリしたよ。時間をとらせて悪かったね。今度は君の話も、とことん聞くから」と感謝の思いを伝えるようにします。

いずれにしても、気を許し合える相手がいることは、老後の大きな財産です。いつも一方的に愚痴を聞いてもらうような関係ではなく、相手の話もまるごと受けとめられる、持ちつ持たれつの人間関係を長く大切にしたいものです。

「イライラの正体」を書き出す——自分の心理はパズル以上に難しい

年を重ねると、理由はよく分からないのに、何となくイライラしたり不愉快に感じたりすることがありませんか?

体の痛みや何かが足りないなど、ハッキリした理由や原因があって、イライラするのなら対処法も見つけやすいのですが、この「何となく」というのが曲者《くせもの》で、モヤモヤした気持ちを解消するには、ちょっと手間がかかります。

そこで、こうした「イライラの正体」を見極めるのにおすすめしたいのが、思いつくことを、そのまま紙に書き出してみる方法です。

それなら「パソコンのワープロソフトを利用してもいいだろう」と考える人がいるかもしれませんが、ちょっと待ってください。

できればテーブルに紙と筆記具を用意して、実際に書き起こしてみましょう。なぜなら「書き出す」という物理的な行為を経ることで、そのほうがリアリティをもって問題の核心を捉えられ、納得もしやすいからです。

イライラのもとを書き出すといっても、別に難しいものではありません。今、自分が感じていることを、イライラの原因でなくても何でも良いので、紙にただひたすら書き連《つら》ねていきます。

自分以外に見せる人はいませんから、気取《きど》らず、感じるまま、思いつくまま、書けばいいのです。特に文章になっている必要もありません。頭の中に浮かぶ思いを、単語で紙の上に記すだけです。

たとえば、今日は曇《くも》り空、電話のベルの音、時刻表、遅い、連続テレビドラマ、同窓会、山本さん、卒業式、温泉、日記帳、陽子、スニーカー、ぬけがけ、携帯メール、セーター、懐かしい気持ち、無視、クラブ活動、新幹線、ペットの世話、友達、食べ歩き、おしゃべり、散歩、千恵子ちゃん……といった何の脈《みゃく》絡《らく》もない言葉が次々と浮かんできたら、その意味を考えずひたすら書き記します。

そして全部を書き出したら、今度は自分がどの言葉に対して「良い感じ」を持ち、どの言葉に「嫌な感じ」を抱くのかをチェックします。

たとえば、良い感じは、温泉、友達、食べ歩き、スニーカー、新幹線、おしゃべり……。悪い感じは、ぬけがけ、電話のベルの音、無視、遅い、ペットの世話、友達……だったとします。

では次に、なぜ自分はその言葉に対して、良い感情や悪い感情を持つのか？　それを考えてみましょう。すると、ぼんやりと自分の心の中にある本音が見えてくることがあります。

人は自らのネガティブな感情から目をそらしたいと思うので、本当はイライラの原因に気づいていたとしても「無意識に知らんぷり」を決め込むことが少なくありません。そのため、モヤモヤした気持ちだけが取り残されてしまうのです。

この書き出しチェックを実際に行なった五十代の女性の場合、言葉が書かれた紙をしばらく眺めているうちに、「ああ、なるほど。そういうことだったのか」と、思い当たることがあったといいます。

彼女は三ヵ月ほど前、高校時代の友人たちと旅行に行く約束をしていました。しかし、自分のところにはその後の連絡がなく「どうなっているんだろう？」と不安に思っていると、他の友達はすでに旅行鞄《かばん》も用意しているという話を聞いてしまいました。

そこで「ひょっとしたら、自分だけが仲間外れにされるのではないか？　今頃自分をおいて出発しているのではないか？」と、不安な気持ちが募《つの》っていたのでした。

彼女としては、自分から催促するのも嫌で静観していましたが、内心では早く連絡が来ないかと焦《あせ》っていたそうです。それが日々のモヤモヤの原因と分かったことで、気持ちが軽くなりました。

そこで友人に「その後、旅行の計画はどうなったの?」と思い切って連絡したところ、手紙で案内を出していたのが行き違いだったことが分かり、結果としてみんなで楽しい旅行ができたのでした。

彼女の例のように、「自分の心理」はパズル以上に解読が難しいものです。だからこそ、どうしても気分がスッキリしない時はうやむやにせず、ゲーム感覚で自分の心を読み解いてみるのも良いのではないでしょうか。

◆こんな旅のプランはもう卒業──「無駄なく」「効率よく」「勤勉に」

「旅行上手は鞄を見れば分かる」と言います。旅慣れた人のバッグは余計な物が入っていないので、実にシンプルです。

軽い小型バッグひとつで海外へも身軽に出かけるそのフットワークには、感心させられてしまいますが、反対に旅慣れない人のトランクは、あれもこれも詰め込み過ぎて、パンパンに膨らんでいることが多いようです。

それでは、この荷物がギッシリ詰まった旅行鞄の持ち主の旅行予定はどうなっているかというと、こちらも大抵は「過密スケジュール」と相場が決まっています。

こういう人は、旅への期待に比例してプランもどんどん膨らませてしまい、朝から晩まで忙しく観光地をめぐるような計画を立てていますから、ゆっくりと風景を眺めたり、偶然見つけた素敵なスポットでのんびりする余裕がありません。そして結果的には、スケジュールに追い立てられるように動き回り、「旅行ってイライラして疲れるばかりで、全然癒《いや》されないものね」などと不満を漏らしたりするのです。

確かに高度成長期の団体旅行では、こうした「詰め込み式」のパック旅行がほとんどだったのですが、当時とは時代も違えば、自分の年齢も異なります。あれもこれもと欲張って、移動時間ばかりでイライラするよりも、本当に行きたいところだけを選んでゆっくりと滞在を楽しむ……そのほうが、どれほど晩年の心に残る旅になるでしょう。

真面目な日本人は、遊ぶことまで「無駄なく」「効率よく」「勤勉に」動くのでかえって疲れる場合がありますが、旅を老後の趣味にするのなら、楽しむポイントを絞り込んだ、密度の高いプランにしたほうが間違いありません。

リタイア後のリゾートを楽しむヨーロッパの高齢者たちは、別荘を借りたり、何ヵ月も滞在してのんびりとくつろぎの時間を過ごします。そうした歴史あるリゾートを楽しむ伝統には、まだまだ学ぶべき点も多そうですね。

日常の疲れや喧騒《けんそう》を忘れ、モヤモヤした気持ちをきれいサッパリ洗い流すのが旅の目的ですから、当然スケジュールもシンプルにすべきです。

日がな一日、周辺の街並みを歩いたり、高原の木陰《こかげ》で本を読んだり、老後ならではの、ゆったり贅沢《ぜいたく》な時間の使い方を楽しんでみたいものです。

「香り」がやる気や情感を豊かに――前頭葉や扁桃体を刺激

「いい香り」にはイライラした気持ちをほぐしたり、気分を落ち着かせてくれる効果があるというのは、誰もが体験的に感じていることでしょう。

脳科学の研究では、香りが脳にもたらす影響についても解明が進んでいます。特に前頭葉《ぜんとうよう》を活性化する香りの力には注目が集まっています。

香りの刺激は、嗅《きゅう》神経によって脳内に入ると、大脳辺縁《へんえん》系の中の扁桃体《へんとうたい》という部分にダイレクトに到達するのですが、五感の中で大脳辺縁系と直接つながっているのは嗅覚だけ。つまり、人間の好き嫌いなどの情感《じょうかん》を司る脳の活性には、五感の中でも嗅覚が最も大きな影響を与えるということです。

また、中高年になると分泌《ぶんぴつ》の減るドーパミンは扁桃体と密接な関係がありますが、香りには扁桃体を活性化する効果があるため、やる気や感情の豊かさを維持したいと思ったら、香りの効用を上手に活用すると良いでしょう。

創造力や思考力を司る前頭葉を活性化するには、香りを使うのが一番手っ取り早いようですから、刺激の少なくなった定年後の日常生活の中に、手軽なアロマテラピーを取り入れてみてはいかがでしょうか?

アロマテラピーというと、アロマポットやアロマランプなどの器具が必要と思われがちですが、専用の器具を使わなくても、手軽に芳香浴《ほうこうよく》を楽しむことはできます。

ただ、香りのもとになる「エッセンシャルオイル」(精油《せいゆ》)だけは欠かせないので、専門店で自分の好みの香りを選びましょう。

精油にはたくさんの種類がありますが、もちろん高ければいいわけではありません。かといって、やたらに安いものは少し不安な面もあるので、ラベルに精油名と学名、原産地、輸入元や製造元がしっかり記載されているものを選ぶようにしてください。

ちなみに、日本人に好まれるのは落ち着いた香りのラベンダー、気分を明るくしてくれるオレンジ、エキゾチックで東洋的なイランイラン、バラのような香りのゼラニウムなどのようです。

とりあえず精油さえあれば、すぐにアロマテラピーは始められます。

専用のマグカップをひとつ用意したら、お湯を入れて精油を一、二滴《てき》たらして香りを楽しみます。ノドや鼻がつらい時には、立ち上る蒸気を吸い込むのも効果的です。

また精油をハンカチやティッシュ、コットンなどに一～二滴たらして、香りを楽しむのも手軽な方法です。

このハンカチを枕もとに置けば安眠対策になりますし、外出先に持っていけば香りの装《よそお》いにもなります。冬場は精油をたらしたガーゼをマスクに入れれば、爽《さわ》やかな香りが楽しめますし、これは花粉《かふん》の季節などにも使えます。

お風呂に入浴剤を入れる人は多いでしょうが、お湯をはったバスタブに岩塩《がんえん》少々と精油を五～七滴ほど入れても、オリジナルの入浴剤になります。

ノドや鼻の調子が悪い時など、お湯につかりながら香りを深呼吸すれば、香りの成分をたっぷり含んだ湯気《ゆげ》を取り込むことができます。

また、このお湯を利用して温湿布《おんしつぷ》をするのも良いでしょう。パソコン操作で目が疲れた時や、肩が凝《こ》った時などは、ハンドタオルに精油入りのお湯を含ませて電子レンジで温めると、簡単に香りのいい温湿布ができます。

この方法は、冷《れい》湿布にすると筋肉痛や打ち身、日焼けした肌のお手入れなどにも応用できます。ただし精油のついた布は変色することもありますから、ご注意ください。

◆体の水分量が少なくなっている高齢者――脱水のさまざまな原因

心の潤《うるお》いをなくしたらイライラも募るでしょうが、体の水分が少なくなったらそれこそ生命の危機さえ招きかねません。

人間の体にとって水分が大事なことはご存知の通りです。私たちの体の水分量は体重の六〇〜七〇％も占めていますが、高齢になると、どうしても水分不足になりがちです。ただ、問題はそのことに本人が気づかないことなのです。

年を取ると基礎代謝《たいしゃ》量が減り、代謝によって生成される水分が減少するため、筋肉などの「細胞内水分」も減って、体に水分を貯めこむ力が弱くなると同時に脱水を起こしやすくなります。

高齢者の場合、ちょっと多めの汗をかくだけでも脱水症の原因となり、さらに食事量が減ると脱水状態を進行させてしまうので、要注意です。

私たちは一日に約二・五リットルの水を摂取していますが、食事や飲料からの水分摂取が減ると、体内の水分バランスが崩れやすくなってしまいます。

高齢者が脱水になりやすい理由には、もともと体の水分量が少なくなっていること、ノドの渇《かわ》きを感じにくいこと、食欲が衰えて水分摂取が減ること、腎臓《じんぞう》の機能が弱まり水分や塩分の調節機能が低下することなどが考えられます。

とりわけ、加齢とともにノドの渇きを感じにくくなることが問題です。軽い脱水が日常化して健康に悪影響を与えることも考えられるので、生活の中で適度の水分摂取を心がけることが大切です。

一日に摂りたいのは、食物中の水を除けば、最低で約一〇〇〇ミリリットル。コップでは五杯程度の水分です。

ノドが渇いて自然に水分を補えれば良いのですが、ノドの渇きを感じにくい高齢者は、意識的に水分を摂るよう注意すべきでしょう。といっても、二時間ごとに湯のみ一杯分のお茶を飲むだけで、摂取量は十分にクリアできますから、それほど神経質になることはありません。

しかし、夏など日中の気温が三〇度を超えて熱帯夜が続くような時期は、努めて水分を摂るよう心がけましょう。夏など水は冷たいほうが美味しいのですが、あまり冷たいものを飲み過ぎると、今度は胃腸の働きが弱くなります。できれば水の温度は、腸で吸収しやすい一五度程度にしておきたいものです。

そして摂取する水分は、カロリーや糖《とう》分を含まない水やお茶が基本です。ただし、たくさん汗をかく真夏の昼間などはスポーツドリンクを水で薄めたもので、失われた電解質《でんかいしつ》を補給しておいたほうが良いかもしれません。

また、夜中にトイレで起きるのは嫌だからと、寝る前の水分を控える人がいますが、寝る前の水は血液がドロドロになるのを防いでくれます。やはり忘れずに飲んでおきましょう。

老後の健康維持のためには寝る前だけでなく、起きてすぐに水分を摂ることも大切です。これらは毎日の習慣にすると良いでしょう。

◆脳を元気にする有酸素運動――少し速めに歩く「ウォーキング」を

別に体育会系でなくても、気分をリフレッシュさせるのに運動が効果的なことは、ほとんどの人が知っているでしょう。

しかも、最近では運動が脳を活性化することも分かってきて、老後の体力づくりや生活習慣病予防のために、運動の必要性を切実に感じている人も年々増えています。

運動をするとまず血行《けっこう》が良くなり、新陳代謝も活発になって夜はよく眠れるなど、心身ともにリフレッシュすることができます。そして、肉体的な爽快感だけでなく、気分がスカッとするような解放感も味わえるので、イライラ感の解消にも運動はピッタリなのです。

長年うつ傾向だった人が、ジョギングを始めて半年でその悩みから解放され、心の健康を取り戻したという例もありますから、シニア世代もこれからチャレンジしてみる価値は大いにあるでしょう。

運動には脳を元気にする働きがありますが、特にウォーキングやジョギング、ストレッチなどの「有酸素《ゆうさんそ》運動」は知性や感情、意欲などを司る前頭葉の活動を非常に高めてくれます。

この働きは、ウォーキングなら隣の人と話しながら歩くのが少しきつく感じられるくらいの速さの時に最も活発となり、運動効果も上がります。

有酸素運動をすると、脳にも多くの酸素と栄養が行き届くようになり、記憶力や理解力などの機能も活性化されますから、認知症の予防に対しても効果が期待できます。

ただし、だからといって激しい運動のやり過ぎは、かえって体内の活性《かっせい》酸素が増え、老化の原因になってしまいます。ある程度の年齢になったら、学生時代の部活のようなハードな運動をするのは禁物です。

そうではなく、無理のない有酸素運動を行なうことで動脈硬化《こうか》や脳卒中《のうそっちゅう》などのリスクを減らせることも分かってきましたので、長いスタンスで続けられる運動を暮らしの一部に取り入れたいものです。

有酸素運動で一番簡単にできるのは「ウォーキング」か、もう少し歩調の速い「ジョギング」ですが、五十歳以上の人には心臓への負荷《ふか》が少ないウォーキングをおすすめします。

脳に刺激を与えるには、筋肉を大きく動かす運動が効果的で、下半身の筋肉を「ゆっくりと継続的に動かす」ウォーキングは、脳を働かせるのにも有効です。

歩くことによって脳は刺激を受け、脳下垂体《のうかすいたい》から脳内快感物質であるベータ・エンドルフィンを放出しますから、これがさらに健康にも良い影響を与えるようになります。

ただし、純粋に四季の季節感や景色の移り変わりなどを楽しみながらゆっくり歩くのは「散歩」で、少し息が切れる程度の速さで歩く「ウォーキング」とは、少し性質の異なるものです。自分自身で上手に頭を切り替え、両方を楽しめればベストですね。

たとえば、週に三回は少し速めのウォーキング、残りの四日はゆったり散歩を楽しむというように変化をつけても、飽きずに運動を続けることができるでしょう。

早足で大きな筋肉をリズミカルに動かすウォーキングならベータ・エンドルフィンによって「ハイな気分」が楽しめますし、風景を眺めながらゆっくり散歩をすれば、気持ちを鎮《しず》める「セロトニン」という脳内物質が出て心が落ち着きますから、どちらも運動後はスッキリとした爽快感が味わえるはずです。

特に、セロトニンは憂鬱《ゆううつ》な気分を吹き飛ばし、ストレスに強い心を作るのにも欠かせない神経伝達物質ですから、たとえ気の進まない日でも少しは歩くことをおすすめします。

ジリジリとした陽射しの真夏や凍《こご》えるような真冬、長雨の季節など、外出をためらうような天候が続くと、つい出かけるのが億劫《おっくう》になって、せっかく続けてきた運動の習慣が途切れてしまうことがよくあります。

しかし、ここで運動をやめてしまっては、あまりにももったいない。少し気候が回復したら、たとえ五～十分でも出かけてみてください。

そうして、散歩やウォーキングを再開するきっかけさえつくれば、またすぐに体が思い出して健康習慣は復活できます。

また、外出できない日にも室内で体を動かすことが大切です。室内でも小さな段を使った簡単な昇降《しょうこう》運動や柔軟《じゅうなん》体操、スクワットやダンベル体操といった軽い運動を休まず続ければ、体の柔軟性が維持できます。

こうした小さな努力が、五年後、十年後には、周りの同世代と比べて大きな差となって、自分の体に表れるのです。

◆モヤモヤした嫌な気持ちは、物理的に「紙に書いて破り捨てる」

時には心が折れそうで、肯定的に物事を考えられない場合もありますが、そういう時に出てくる言葉は、「どうしてこう嫌なことばかり自分に起こるんだろう」「まったくツキがないな」などというネガティブなものになります。

確かにそれは自分の心の動きそのままの素直な表現で、仕方がないのですが、あまり後ろ向きなことばかりを考えるのはやめたいものです。

もちろん、「肯定的な言葉は心に良い作用を与え、逆に否定的な言葉は悪い影響を与える」と頭では分かっていても、落ち込んでいる時は、なかなかそこから抜け出せないのも事実ですね。

そこで、いつものポジティブな自分に軌道修正するには意識を切り替えて、暗い言葉を使わないようにするのが一番なのですが、どうしても気持ちの整理がつかない場合、次のような方法でモヤモヤした気持ちをリセットしてみましょう。

それは、嫌な感情を「物理的にゴミ箱に捨ててしまう」のです。具体的に言えば、ネガティブな言葉を口に出す代わりに紙に書き、それをビリビリッと破ってゴミ箱に捨てるのです。

実に単純な方法で、まるで子ども騙《だま》しのように聞こえるかもしれませんが、心の中が意外なほどサッパリと片付きます。

やり方もいたって簡単で、机の上に並べた紙に太字のマジックインキで心に溜まった不平不満や怒り、愚痴などをひたすら書きまくるだけです。

どうせ捨てるのですから、遠慮はいりません。

「主人の無神経さには我慢できない！　いい加減にしろ！」

「今、テレビに出ているタレントが大嫌い！　二度と出すな！」

「大損したのは、でたらめなことを言った評論家のせいだ。金返せ！」

「娘の口のきき方に腹が立つ。誰のおかげで大きくなったんだ！」

「政治家が公約違反ばかりで許せない！　この大嘘つき！」

どんなくだらない内容でも、思いつく限り書いて、書き尽くすのが肝心です。

もう書くことは何もないと思ったら、今度はビリビリッと大きな音を立てて、勢いよく紙を破ります。

もし一度で気がすまなければ、何度でも書き、何度でも破ればいいのです。

ところが、こうした作業を続けていると、必ずどこかで「もうこの辺でいい」という節目が来ますから、そこに達するまでは思う存分ゴミを作ってください。

そして、ビリビリに破いた紙を丸めてゴミ箱に入れるのですが、この時も単にゴミ箱に入れるという感覚ではなく、「エイッ！」と思い切り投げ捨てるように、クシャクシャに丸めて放り込みます。

つまり、捨てているのは紙ではなく、あなたが紙に書いた不平不満の塊《かたまり》なのです。そんなイメージで心の中のゴミを捨て、同時に溜まったストレスを解消できれば、一石二鳥です。

「書く」「破る」「捨てる」という具体的な三つの動作を経ることによって、気分転換が儀式化され、作業が終わった頃には驚くほど心がスッキリしているはずです。心にモヤモヤが溜まった時の「ガス抜き」にはたいへん有効な手段ですから、ぜひ一度騙されたと思ってお試しください。

◆「歌う」は高齢者に良いことだらけ——カラオケの多彩な効用

カラオケに多くの効用があることは世に広く知られていますが、何と言っても「ストレス解消力」は抜群です。特に気分がふさいだ時には、カラオケを上手に利用して心をフレッシュアップしましょう。基本的なおさらいをしておくと、カラオケには次のような「多彩な効用」があります。

◎高いリラックス効果

歌う前の「緊張感」、歌っている最中の「高揚《こうよう》感」、歌い終わった後の「満足感」の三つの感情を短時間で味わうことで、自律神経の働きが活発になり、ストレスの発散にも大いに役立ちます。

◎脳が活性化される

気分が高揚すると、ドーパミンの分泌が盛んになり、脳の働きが活性化されます。歌詞やメロディを覚えるのも、脳の活性化に役立ちます。

◎運動効果もある

カラオケを歌うと、有酸素運動と同様の効果があります。特に、腹式《ふくしき》呼吸でお腹の底から声を出すと消費カロリーも増え、ダイエット効果が期待できます。

◎心肺機能を強くする

歌うことで肺に入る酸素の供給量が多くなり、血行も促進されます。同時に腹式呼吸で腹筋が鍛えられ、臓器の働きも強化されます。

◎若返りに役立つ

歌うことで自律神経を刺激して、肌にも潤いが出てきます。気持ち良く歌えば脳からアルファ波も出て、若返りや老化防止に効果的です。

激しい運動ではなく、シニア世代の心身にも良い影響がたくさんのカラオケですが、「もう少し上手く歌えれば、もっとカラオケが楽しくなるのに」と思っている熱心なカラオケファンも多いでしょう。

もちろん、より上手くなろうという向上心は脳も心も元気にしますから、ぜひもう少し上を目指して頑張ってみてください。

◆「幸せの達人」――夜楽しいことを思い浮かべて眠りにつける人

体が疲れている時はパッと眠れるけれども、あまり眠いわけでもないのに「もう寝る時間だから」と床《とこ》に入ると、ちっとも眠れない……。

年を取ると、そんなことが増えてきますね。そんな悩ましい時、ともすると、頭の中にさまざまな思いや感情が浮かんできます。

特に多いのが、その日の出来事で、それも悪いことです。別に、事故やケガをしたわけでもないのに、「つい余計なことを言ってしまった」とか「あんなところに出かけなければ良かった」など、小さな失敗や後悔を思い出しては、自分から気を重くしてしまうのです。

でも起こってしまったことは、どんなに悔やんでも嘆《なげ》いても元に戻せません。それは良いことだって同じです。どうせ変わらないのなら、パッと気持ちを切り替えるほうが、ずっと気持ちが楽になるでしょう。

済んでしまったことは、もう振り返らないようにする――。そう頭をシャットダウンしてしまえば、次の新しい良いことが考えられるはずです。

また、あれこれ先のことを考えて「クヨクヨする材料」を自ら探そうとする人もいます。家族や知人との関係は良好。健康面の気がかりも今のところない。それなのに、「何もかも上手くいくのはおかしい。きっとこの先、何か悪いことが自分に起こるに違いない」などと不安に苛《さいな》まれるのです。

たとえば、実際に生活で困っているわけではないのに「これ以上貯金が減ったらどうなる？」という不安に怯《おび》える人や、健康診断を受けて何も異常がなかったのに「次回、大きな病気が見つかったらどうしよう？」と考えて落ち込む人などがいます。

もちろん老後の生活の中で、心配や不安が一切ない人はいないでしょう。でもわざわざ不安のタネを自分でつくって追い込むなんて、百害あって一利なし！これから何が起こるか、自分がどんな状況に立たされるかなど、世界中の誰にも本当は分からないのです。

布団の中でどうにもならない先の心配などせず、「トラブルが起きたら、その時はその時で、一所懸命に対応すればいい」と開き直ったほうが、よほど心が軽くなるでしょう。

夜はクヨクヨ悩んだりするのではなく、これからの楽しい予定や夢などに思いを馳《は》せたいもの。「明日は何を食べようかな」くらいでも良いのです。

夜、頭の中で楽しいことを、あれこれ思い浮かべながら眠りにつく――。

これこそが「幸せの達人」と言えるのではないでしょうか？

老化現象か？　運動器の疾患か？――「ロコモティブ・シンドローム」

「ロコモティブ・シンドローム」――。通称「ロコモ」は運動器《き》症候群のことで、「運動器」の障害によって、日常生活で人や道具の助けが必要な状態、あるいはそれに近い状態を言います。

すなわち、ロコモとは加齢などによって骨や関節、筋肉などの運動器の機能が衰え、日常生活での自立性が低下して介護が必要になったり、立ったり歩いたりする移動が大変になったり、寝たきりになる可能性が高い状態のことです。

そういえば、年配の人たちが集まるとよく聞かれるのが健康の話題ですが、「最近、腰痛《ようつう》がひどくて接骨医《せっこつい》に通ってるんだ」「私は膝《ひざ》が痛くて散歩もなかなかできないの」「冬は関節痛がひどくなる一方」といった、運動器についての悩みは特に目立つようです。

「運動器」とはあまり聞き慣れない言葉ですが、私たちが自由に体を動かすことができるのは、骨、関節、筋肉、神経などで構成される「運動器」の働きによるもので、そのうちのどこかひとつが悪くても、身体はうまく動かないことから、改めて「ロコモを意識しよう」という動きが生まれてきたのです。

また、厚生労働省の調査によると「要支援」「要介護」になる原因の一位は、脳血管障害や認知症ではなく運動器障害であることからも、ロコモの予防が今後の「健康寿命」（日常的に介護を必要とせず、自立した生活ができる生存期間）の延長に役立つことが期待されています。

ところで男女を比較すると、女性のほうがロコモになりやすい傾向があることが分かっています。その原因とされているのが閉経《へいけい》による女性ホルモン量の減少で、同時にカルシウムの吸収力が減少して骨粗鬆症《こつそしょう》になりやすいとも言われています。

骨がもろくなるとそれが骨折の原因となり、また治療の間は動かせませんから結果的に筋力の低下を招くことにもつながるため、女性は特にロコモに対する注意が必要です。

男性は、男性ホルモンが筋肉を強化するという働きがあるため、比較的筋力の低下を起こしにくいのですが、日頃から体を動かしたり、適度に日光浴を行なうなどの習慣がないと、やはり加齢とともに筋肉や骨はだんだん弱くなりますから、努めて運動や栄養に気をつけるようにしましょう。

それでは、まず自分の「ロコモ度」をチェックするところから始めたいのですが、ロコモかどうか判断するための基本的な七つのチェック項目が日本整形外科学会より公表されていますので、それを紹介します。

■簡単にできるロコモチェック

①片脚《かたあし》立ちで靴下《くつした》が履《は》けるかどうか

②家の中でつまずいたり滑《すべ》ったりすることがあるか

③階段を上ったり降りたりするのに手すりが必要かどうか

④横断歩道を青信号で渡りきれるかどうか

⑤十五分くらい続けて歩けるかどうか

⑥二キログラム程度（一リットルの牛乳パック二個）の買い物が持ち帰れるか

⑦家中のやや重い家事（掃除機の使用や布団の上げ下ろしなど）ができるか

このチェックの①ではバランス感覚、②では下腿《かたい》部の筋力や神経障害、③では太ももの前の筋力や膝関節疾患《しっかん》、④では歩行の速さ、⑤では筋力や心肺機能、脊《せき》柱管狭窄症《ちゅうかんきょうさく》の有無、⑥と⑦では身体全体の筋力を確認しています。

もし日常生活の中で、この七つのチェックポイントの中のどれかに当てはまるようなら、ロコモの可能性があります。

ただし、ロコモチェックが一つだから軽症とか、三つ当てはまったから重症というわけではありません。

おおまかに言って、自分で歩くことができて日常生活に支障がなければ軽症、歩行に杖《つえ》や歩行器などが必要なら中等症、立ち上がるのに介助が必要だったり、一人で歩くのが困難な場合には重症となります。

しかし、運動器の疾患に見られる初期症状は、時々感じる腰痛やちょっとした膝の痛さなどの軽度な異常です。

こうした初期症状は時々表れるだけのものも多く、つい見逃しがちですが、やがて症状が進行すると、患部《かんぶ》の変形や痛み、可動域《かどういき》の制限などが起こり、簡単な日常の動作にも支障が出てくるようになります。

関節の変形や骨密度の低下、脊柱管狭窄症など、運動器の損傷が起こるとなかなか修復できない場合もありますから、重症化を防ぐことが何よりも大切です。

もしどこかに痛みがあれば、なるべく早く整形外科などの専門医にかかり、痛みが特になければ、基礎体力や筋力を向上させる運動をして、症状がひどくならないように心がけましょう。

ただ、こうした運動器の疾患は年齢によるものと見なされ、病院でも「老化現象のひとつですから、あまり無理をしないように」などと言われて、痛み止めが処方《しょほう》されるだけという場合も多いようです。

一度変形した関節や、狭くなった脊椎《せきつい》間を修復するには手術などの外科的治療しかない場合もありますが、初期の段階からエクササイズやトレーニングを続ければ、症状の悪化を防いだり遅らせたりすることも可能ですので、根気よく運動習慣を続けましょう。

片足立ち体操、正しい姿勢……早くから取り組みたいロコモ予防

症状の軽いうちから行なう「ロコモ予防」には、膝関節などに余計な負担をかけずに、下半身の筋力を鍛えることができるエクササイズがおすすめです。

なかでも、体で最も大きな筋肉である大腿《だいたい》筋が鍛えられる「スクワット」は、筋力を鍛えながらバランス感覚も養うことができるため、ロコモ対策には最適と

いえます。

こうした筋トレを取り入れると基礎代謝が増えて、体重が落ちやすくなるという効果もありますから、ぜひ毎日の習慣にしたいものです。

そして、簡単な動きで高齢の人にも続けやすいのが、ロコモ対策のメインにすえたい「片足立ち体操」です。

片足立ち体操の主な目的は、全身のバランスと筋力を鍛えることです。

片足立ちをすると、両足で立っている時に比べて、太ももに約三倍の負荷がかかりますから、片足ずつ、それぞれ一分間行なうだけでも効果は十分。

短時間で効率的な運動ができる片足立ちは、体力に自信のない人でも無理なくできますので、一日一～二回やると良いでしょう。

◎片足立ち体操のやり方

背筋《せすじ》を伸ばして真っ直ぐに立ち、目を開けて片足を床から少し浮かせる程度に上げ、そのまま足をつかずに一分間静止します。

初めはバランスが取れずにグラグラするでしょうから、倒れないように椅子の背や柱、脚立《きゃたつ》など、すぐにつかまれるものを側《そば》に置いておきましょう。
初めは、十秒立っているだけでも体がグラグラして大変ですが、何度足をついても気にせず、一分間は続けてください。

続けていれば、必ず長く立てるようになりますから、焦らずじっくり取り組むようにしましょう。ただし、最初は慎重に転倒を防止することが大切です。バランスを崩しても、すぐつかまれるような準備をしておいてください。

また、体操を続けるだけでなく、日頃から正しい姿勢を保つのも運動器を鍛えるのに役立ちます。姿勢はしっかりと伸ばして、尾骨《びこつ》は地面に、頭のてっぺんは天に向けるように意識して、シャンと背筋を立てます。

歩く時には、膝と足の人差し指が「進む方向」に真っ直ぐに向くようにして、上半身はあまり揺らさず安定させます。

階段を降りる時は、膝に負担がかからないよう、後ろ足でしっかり体重を支え、前のめりにならないようにします。上る時は、足を階段に浅く乗せてしまうと膝に負荷がかかってしまうので、一段ずつ足を段の奥まで、深く乗せるように注意しましょう。

そして骨粗鬆症を防ぐためには、カルシウムを中心としてバランス良く栄養素を摂るのも大切です。牛乳など乳製品や小魚だけでなく、緑黄色《りょくおうしょく》野菜や海藻《かいそう》類、納豆などの大豆製品も、まんべんなく摂るよう心がけましょう。

さらに、カルシウムの吸収を助けてくれるビタミンDは、きくらげをはじめとするきのこ類、かつお、いわし、桜《さくら》えび、チーズ、小松菜などに多く含まれるため、積極的に摂りたいものです。

たとえ体が動かなくなっても、心穏やかに過ごすことは可能でしょう。しかし年老いても体が自由に動かせることは何よりの幸せですから、早い段階からロコモ予防に取り組むのが大切なのです。

参考文献

『老前整理　捨てれば心も暮らしも軽くなる』坂岡洋子　徳間書店
『「捨てる!」技術』辰巳渚　宝島社新書
『50歳をすぎたら家の整理を始めなさい』近藤典子　ポプラ社
『50過ぎたら、ものは引き算、心は足し算』沖幸子　祥伝社黄金文庫
『人生の終いじたく』中村メイコ　青春出版社
『50歳からラクになる 人生の断捨離』やましたひでこ　祥伝社
『老いの才覚』曽野綾子　ベスト新書
『自分の始末』曽野綾子　扶桑社新書
『老いの幸福論』吉本隆明　青春新書インテリジェンス
『五十歳からの生き方』中野孝次　海竜社
『老いのシンプル節約生活』阿部絢子　大和書房

著者紹介
保坂　隆（ほさか　たかし）
1952年山梨県生まれ。聖路加国際病院、聖路加看護大学臨床教授。慶應義塾大学医学部卒業後、同大学精神神経科入局。1990年より２年間、米国カリフォルニア大学へ留学。東海大学医学部教授を経て現職に。著書・監修書に、『人生の整理術』『老いを愉しむ習慣術』（以上、朝日新書）、『「ひとり老後」の始め方』（経済界）、『「頭がいい人」は脳のリセットがうまい』（中公新書ラクレ）、『ゆたかに、シンプルに生きる』（ＰＨＰ研究所）、『「プチ・ストレス」にさよならする本』『「ひとり老後」の楽しみ方』『「こころの名医」100の言葉』『お金をかけない「老後の楽しみ方」』（以上、ＰＨＰ文庫）、『老後のイライラを捨てる技術』（ＰＨＰ新書）、『小さいことにクヨクヨしない方法124』（廣済堂文庫）などがある。

本書は、書き下ろし作品です。

PHP文庫
精神科医が教える
心が軽くなる「老後の整理術」

2014年3月19日　第1版第1刷
2017年9月1日　第1版第12刷

編　者　保　坂　隆
発行者　後　藤　淳　一
発行所　株式会社ＰＨＰ研究所
東京本部　〒135-8137 江東区豊洲5-6-52
文庫出版部　☎03-3520-9617(編集)
普及一部　☎03-3520-9630(販売)
京都本部　〒601-8411 京都市南区西九条北ノ内町11
PHP INTERFACE　http://www.php.co.jp/
組　版　朝日メディアインターナショナル株式会社
印刷所
製本所　図書印刷株式会社

ISBN978-4-569-76154-1